Transparência, Pragmatismo e TCU

Transparência, Pragmatismo e TCU

2023

Roberto Tadao Magami Junior

ALMEDINA

TRANSPARÊNCIA, PRAGMATISMO E TCU

Autor: Roberto Tadao Magami Junior

Diretor Almedina Brasil: Rodrigo Mentz
Editora Jurídica: Manuella Santos de Castro
Editor de Desenvolvimento: Aurélio Cesar Nogueira
Assistentes Editoriais: Letícia Gabriella Batista e Laura Roberti
Estagiária de Produção: Natasha Oliveira

Diagramação: Almedina
Design de Capa: FBA

ISBN: 9786556279596
Outubro, 2023

Dados Internacionais de Catalogação na Publicação (CIP)
(Câmara Brasileira do Livro, SP, Brasil)

Magami Junior, Roberto Tadao
Transparência, pragmatismo e TCU / Roberto Tadao
Magami Junior. – São Paulo : Almedina, 2023.

Bibliografia.
ISBN 978-65-5627-959-6

1. Administração pública – Brasil 2. Administração pública – Brasil – Controle
3. Brasil. Tribunal de Contas da União 4. Fiscalização administrativa
5. Pragmatismo 6. Transparência na administração pública I. Título.

23-168050 CDU-35.072.3:354(81)

Índices para catálogo sistemático:

1. Brasil : Tribunal de Contas da União : Direito administrativo
35.072.3:354(81)

Eliane de Freitas Leite – Bibliotecária – CRB 8/8415

Este livro segue as regras do novo Acordo Ortográfico da Língua Portuguesa (1990).

Editora: Almedina Brasil
Rua José Maria Lisboa, 860, Conj. 131 e 132, Jardim Paulista | 01423-001 São Paulo | Brasil
www.almedina.com.br

Somos una especie en viaje
No tenemos pertenencias sino equipaje
Vamos con el polen en el viento
Estamos vivos porque estamos en movimiento
Nunca estamos quietos, somos trashumantes
Somos padres, hijos, nietos y bisnietos de inmigrantes
Es más mío le que sueño que lo que toco
Yo no soy de aquí
Pero tú tampoco
Yo no soy de aquí
Pero tú tampoco
De ningún lado del todo
De todos lados un poco.

Jorge Drexler – *Movimiento*

Ao meu pai Roberto, à minha mãe Mariza (*in memoriam*) e ao meu irmão Douglas, que tanto me apoiaram no decorrer da vida, sempre me incentivando e me inspirando a avançar por meio dos estudos e do trabalho.

À Manuela, pela amizade, paciência, humor, leveza, honestidade, sinceridade, companheirismo e por me despertar o mais puro e verdadeiro amor.

À Isadora e à Eleonora que me trouxeram a delicadeza, a doçura e a alegria e são as páginas mais lindas que o destino escreveu na minha vida.

Ao Fabio Nagano, Leandro e Caio pela irmandade e cumplicidade.

AGRADECIMENTOS

Ao Professor Jacintho Arruda Câmara, pela paciência, pela gentileza e pelos valiosos ensinamentos durante os estudos das disciplinas do mestrado, no estágio de docência, na elaboração deste trabalho e ainda hodiernamente, pois sua atuação profissional e acadêmica me inspira.

Aos amigos Genilson Rodrigues Carreiro e Victor Pessoa pela amizade e a constante busca conjunta de conhecimento e de evolução durante profícuos e agradáveis encontros.

Aos Professores Gustavo Justino de Oliveira, José Roberto Pimenta de Oliveira e Silvio Luis Ferreira da Rocha por me inspirarem e me instigarem na trajetória acadêmica.

APRESENTAÇÃO

Com grande satisfação tenho a oportunidade de recomendar a leitura deste livro "Transparência, Pragmatismo e TCU", do Dr. Roberto Tadao Magami Junior, a quem conheço pela combatividade como advogado perante o Tribunal Regional Federal da 3ª Região.

O Estado brasileiro, historicamente, tem sido marcado, desde a independência, por processos de natureza autoritária, às vezes, em certos períodos, ditatoriais, como o de Vargas (1930-1945) e o regime de exceção militar (1964 - 1985). Mesmo a partir de 1988, com a nova Constituição Federal, de cunho notadamente democrático, a distância entre a letra dos direitos fundamentais e a realidade político-institucional é grande.

A preocupação do autor deste livro com a transparência, um valor extremamente relevante para a existência da democracia, é das mais meritórias, sobretudo relativamente ao controle exercido nos órgãos e entidades da Administração Pública Federal. A fiscalização da aplicação do dinheiro público é essencial em um país em que são constantes os desvios e o atraso ou inconclusão de obras públicas. O acesso do cidadão aos dados concernentes aos processos licitatórios, à destinação de recursos públicos e à remuneração e vantagens dos servidores públicos é um instrumento de acompanhamento, mas de informação para o pleno exercício da democracia.

Não menos importante é o estudo da aplicabilidade e o alcance da transparência, sob os aspectos passivo e ativo, do Tribunal de Contas da União. O autor examina com acuidade as diferentes facetas do órgão de contas, o que constitui uma plataforma rica para posteriores pesquisas.

Assim, tenho certeza de que os que lerem o presente trabalho serão instigados a reflexões teóricas e práticas a respeito do tema.

ANDRÉ NABARRETE NETO
Desembargador Federal – TRF da 3ª Região

PREFÁCIO
TRANSPARÊNCIA, PRAGMATISMO E TCU

Sempre que tenho oportunidade destaco que o Tribunal de Contas da União – TCU assumiu um papel de inédito protagonismo na pauta dos estudos acadêmicos na área do direito administrativo.

Nos últimos anos, os principais assuntos envolvendo a atuação administrativa passam antes pelo crivo deste órgão do que pela chancela judicial. Em suas deliberações são encontradas críticas e oposições às fórmulas propostas e implantadas pela administração pública, transformando-se em fonte de pesquisa rica para quem quiser avaliar os fundamentos e as impugnações às ações públicas planejadas e levadas a cabo. Além desse aspecto substancial, de mérito, referente ao volume de manifestações relevantes sobre os mais variados e importantes temas da atuação administrativa, há outro fator a explicar essa crescente atenção: a incrível efetividade de suas decisões.

As deliberações deste órgão de controle são, de fato, acatadas, produzindo efeitos imediatos, muitas vezes sem que tenha sido concluído o processo administrativo necessário à completa avaliação da medida impugnada.

Nesse contexto, as grandes discussões sobre o direito administrativo acabam por ser estabelecidas no âmbito dos processos administrativos instaurados pelo TCU. Trata-se, sem favor algum, da principal fonte de pesquisa oficial sobre o direito administrativo brasileiro contemporâneo.

Como órgão de controle externo e, nessa condição, titular de poderes intensos de intervenção na vida dos agentes públicos e privados responsáveis por despesas públicas, o TCU cobra e obtém amplo acesso às informações tratadas e mantidas por seus jurisdicionados. Além de cobrar a publicidade dos atos administrativos de quem está sob a sua jurisdição, o TCU, na condição de controlador, tem acesso até mesmo aos documentos de caráter marcadamente sigiloso. Não despertaria maior polêmica e interesse acadêmico, por certo, a mera dissertação sobre o dever de transparência que os gestores da coisa pública têm perante o TCU.

Mas e ele próprio, TCU, como órgão de Estado, que transparência proporciona a respeito de sua atuação? É esse interessante e contraintuitivo questionamento que Roberto Tadao procurou enfrentar no presente livro, fruto de sua dissertação de mestrado, defendida no programa de pós-graduação em Direito da PUC/SP, em banca da qual fizeram parte, além de mim, na condição de orientador, a professora Dinorá Grotti, também docente da PUC/SP, e o professor André Rosilho, da FGV/SP, e coordenador do Observatório do TCU, grupo de pesquisa vinculado à referida instituição de ensino e à Sociedade Brasileira de Direito Público – SBDP.

Para desenvolver o tema, Roberto realizou minuciosa apresentação do conteúdo jurídico do dever de transparência da Administração Pública, explicando sua relação com o princípio da publicidade, suas convergências e peculiaridades. Ainda num esforço de firmar as premissas teóricas de seu trabalho, desenvolveu uma segunda etapa na qual foram apresentadas as principais características institucionais do TCU. Nesse ponto foi exposto o modelo de órgão controlador de contas adotado pelo constituinte de 1988 e as relevantes mutações que estão sendo observadas em seu conteúdo nos últimos anos, sem qualquer alteração do Texto Constitucional ou legal incidente sobre a matéria.

Lançadas essas bases, o trabalho chega ao seu cerne fazendo a análise de dois grandes eixos da atuação do TCU. Num eixo, objeto do 3º capítulo do livro, Roberto explora a observância do dever de transparência no trato dos processos administrativos de controle. Aí se desenvolve uma detalhada apresentação das situações nas quais os jurisdicionados devem ter acesso às informações constantes das averiguações do órgão; quando terceiros podem ter acesso ou quando este deve ser condicionado; das situações nas quais é pertinente o sigilo; das regras de proteção ao denunciante, entre várias outras questões de inegável relevância prática.

O outro eito explorado pelo Autor diz respeito aos atos internos ou de gestão do próprio órgão. Trata-se de interessante abordagem a respeito de como o TCU aplica em relação a si a regra da transparência na gestão da coisa pública. Roberto, neste outro lance, aponta as práticas do TCU em relação a temas de especial sensibilidade, como a nomeação para cargos comissionados dentro do órgão e como se dá a participação e controle social da atuação do próprio TCU.

Ao final, o livro contém didática exposição dos principais pontos abordados em cada capítulo, de modo a se obter uma visão global e objetiva dos achados dessa pesquisa. O leitor tem em mãos, como se percebe dessa breve apresentação, um rico material sobre relevante aspecto da atuação do TCU e da atividade de controle de um modo geral. Um olhar sobre o cumprimento das regras de transparência por quem tem o dever de controlar a Administração Pública.

A leitura da presente obra proporcionará, sem dúvida, elementos relevantes para o aprofundamento das discussões e para o aprimoramento das práticas inerentes à divulgação de informações sensíveis no âmbito das atividades de controle.

JACINTHO ARRUDA CÂMARA
Professor da Faculdade de Direito da PUC/SP nos programas de graduação e pós-graduação (mestrado e doutorado) em Direito

RESUMO

O presente estudo tem por objetivo perscrutar o conteúdo jurídico da transparência, bem como o grau de adesão pelo Tribunal de Contas da União às suas recomendações e determinações emitidas aos órgãos e entidades da Administração Pública Federal, assim como às normas-padrão da Organização Internacional de Entidades Fiscalizadoras Superiores ou mais comumente conhecida como *International Organization of Supreme Audit Institutions* (Intosai), relacionadas a este importante axioma na atual quadra da sociedade e ao mesmo tempo esse é o ineditismo ao abordar o que se entende por transparência (qual é o seu conteúdo jurídico) no âmbito do TCU

Ao mesmo tempo que o órgão de contas se preocupa em exigir a transparência enquanto controle externo, qual será seu grau de adesão a essas recomendações? Há informações classificadas no âmbito da Corte? Como ocorrem as classificações dos processos em ultrassecretos, secretos e reservados? Quais são os prazos de sigilo? Quem são os responsáveis por classificá-las, assim como controlar esses procedimentos? Ao conceito de informação e documento para fins de acesso, o TCU atribui um sentido amplo ou restrito? Como age previamente em termos de transparência quando da edição de atos normativos, prolação de decisões em sede de controle externo tanto em casos individuais quanto objetivos? Como o Tribunal de Contas da União disponibiliza as informações em seu portal da transparência? Há separação por temas? Como age em termos de isonomia no julgamento dos processos de controle externo? Há uma teoria dos precedentes administrativos de modo a permitir uma comparação de atuação isonômica pelos seus usuários de serviços?

Na esfera do Direito Internacional, a Organização Internacional de Entidades Fiscalizadoras Superiores, ou mais comumente conhecida como *International Organization of Supreme Audit Institutions* (*Intosai*), de caráter não governamental, autônoma e não política, com *status* especial no Conselho Econômico e Social das Nações Unidas (Ecosoc), edita normas-padrão às entidades fiscalizadoras superiores.

Desde sua criação, em 1953, disponibiliza uma estrutura para o aprimoramento do conhecimento com o intuito de melhorar globalmente o controle externo, cujas Normas Internacionais das Entidades Fiscalizadoras Superiores 12, 20 e 21 consideram a transparência como elemento importante de boa governança no combate à corrupção e na melhoria da estrutura jurídica, organizacional, além do aperfeiçoamento da comunicação pública, por meio do monitoramento e da produção de relatórios sobre a gestão dos recursos públicos.

A Intosai impõe como diretriz, dentre outras, que os Tribunais de Contas Superiores devem liderar pelo exemplo e garantir a transparência tanto na fiscalização quanto na gestão.

Além disso, por meio das Normas, exige que a informação pública seja tempestiva e confiável, na mesma linha da Lei de Acesso à Informação em seu artigo 8.º, § 3.º, VI, mas ambas são silentes acerca de qual seria o prazo razoável para atualização. Nessa quadra, o que se entende por tempestiva? Como o TCU se porta perante essa lacuna? Qual seu grau de adesão às normas da Intosai?

De outra banda, trazemos os novos preceitos voltados, em tese, a trazer maior segurança jurídica que surgiram com as alterações na Lei de Introdução às Normas do Direito Brasileiro e que promovem a discussão acerca do pragmatismo, de forma a propor que o Tribunal de Contas da União, o Ministério Público, Poder Judiciário e os demais órgãos e entidades da Administração Pública avaliem em suas decisões, mormente as de grande impacto na economia, como por exemplo, a suspensão de uma obra ou de uma desestatização a exemplo da Eletrobras, que foi aprovada mas ficou meses aguardando a análise sejam melhor ponderadas em relação às suas consequências sistêmicas.

Na prática essas suspensões de obras ensejaram no ano de 2022 uma recomendação da Comissão Mista de Orçamento[1] para que novos atos desta natureza sejam condicionados à oitiva prévia do Congresso Nacional, tendo em vista a natureza constitucional do TCU que é considerado um auxiliar daquele.

Do ponto de vista prático essa discussão é relevante, porquanto parcela da literatura, a exemplo de Carlos Ayres Britto[2], possui uma leitura de que o art. 71 deve ser interpretado em conjunto com o art. 41, ambos da CF, o que levaria à conclusão de que o TCU não é órgão do Congresso Nacional (composto apenas da Câmara e do Senado) e que, em segundo lugar, o Legislativo analisa as contas do Executivo sempre sob uma ótica subjetiva, ao passo que os Tribunais de Contas por um viés estritamente técnico-jurídico.

O último ponto a corroborar a visão de Ayres Britto seria que ao distinguir função (controle externo) de competência estas últimas seriam classificadas de forma diversa, porquanto as competências do Congresso Nacional estão arroladas nos incisos IX e X do art. 49 da Constituição, enquanto as do TCU encontram-se no art. 71 também da CF.

Desta forma, restaria demonstrada uma ausência de subalternidade funcional e, portanto, sua classificação seria de entidade da pessoa jurídica União, diretamente, sem pertencer a nenhum dos três Poderes Federais, mas ao mesmo tempo dotada de independência e imposição de harmonia recíproca com estes.

Contudo, será que na prática essa denominada autonomia do órgão de contas foi concedida pela Constituição Federal a ponto de que os conceitos jurídicos indeterminados extraídos de suas competências lhe permitam, a título de exemplo, suspender uma política pública?

Entendemos que não, e o STF já se manifestou nessa linha ao analisar o Acórdão 775/2016 proferido pelo TCU, que havia suspendido cautelarmente o Plano Nacional de Reforma Agrária. Ao decidir, o Ministro Alexandre de Moraes mencionou a exorbitância da competência fixada no art. 71 da CF, na medida em que lhe caberia assinalar prazo para que o

[1] Fonte: Comissão de Orçamento pede que TCU pare de suspender obras públicas – Notícias – Portal da Câmara dos Deputados (camara.leg.br). Acesso em 14 de jun. de 2022.

[2] Fonte: O Regime Constitucional dos Tribunais de Contas – Editora FÓRUM – Conhecimento Jurídico (editoraforum.com.br). Acesso em 22 de dez. de 2018.

órgão executor competente averiguasse a fidedignidade das irregularidades indicadas pelo cruzamento de dados, inclusive com a confirmação das informações levantadas, oportunizando aos envolvidos a apresentação de explicações ou refutações aos indícios referidos[3].

Portanto, quais seriam os critérios delimitadores da competência do TCU? E haveria como tornar esses critérios transparentes a ponto de se permitir o adequado controle judicial a partir de *standards* relacionados à motivação das decisões, em termos pragmáticos?

[3] ADPF478. Relator Ministro Alexandre de Moraes, j. 13.12.2017. Dje 15.12.2017.

SUMÁRIO

INTRODUÇÃO

O Direito Administrativo, como ramo autônomo, teve origem na Revolução Francesa (século XVIII) em reação aos abusos da monarquia absoluta quando todo poder pertencia ao soberano[4] e não se reconheciam direitos aos indivíduos, considerados apenas objetos do poder estatal[5].

A partir da separação de poderes[6] e da consequente submissão do Estado à legalidade, substituindo-se a liberdade primitiva[7] pela

[4] Maria Sylvia Zanella Di Pietro entende que o Direito Administrativo teve origem diversa e desenvolvimento menor em alguns sistemas, como o anglo-americano. Não obstante, compartilhamos do posicionamento de Mario Losano, para quem o Direito Administrativo é um produto exclusivo da Europa continental pós-revolucionária, em que o Estado burguês utiliza-o para se defender tanto contra a classe derrubada como contra a classe popular que, inicialmente aliada, passa a ser reprimida depois da tomada do poder. Essa tese, em nosso sentir, se confirma a partir do *rule of law* do Direito inglês, em que os atos do soberano e de seus funcionários não podem ser submetidos a tribunais diferentes dos ordinários. Na Europa Continental, ao contrário, a matéria é confiada a tribunais administrativos, que aplicam um direito administrativo específico (LOSANO, Mario. *Os grandes sistemas jurídicos*: introdução aos sistemas jurídicos europeus e extraeuropeus. São Paulo: Martins Fontes, 2007. p. 92).

[5] GORDILLO, Agustín. *Tratado de derecho administrativo*. Parte general. 7. ed. Belo Horizonte: Del Rey e Fundación de Derecho Administrativo, 2003. t. 1, p. II-1.

[6] Paulo Bonavides alerta que Montesquieu sistematizou o princípio da separação de poderes como técnica de salvaguarda da liberdade, mas na Antiguidade Aristóteles já distinguia a assembleia geral, o corpo de magistrados e o corpo judiciário, ao passo que a Escola de Direito Natural e das Gentes, com Grotius, Wolf e Pudendorf, ao falar em *partes potentiales summi imperii*, se aproximara bastante da distinção estabelecida por Montesquieu (BONAVIDES, Paulo. *Ciência política*. 15. ed. São Paulo: Malheiros, 2008. p. 146).

organização política e as funções estatais passando a se valer da *faculté de statuer* (direito de ordenar por si mesmo ou de corrigir aquilo que tivesse sido ordenado por outro) e da *faculté d'empêcher* (direito a anular uma resolução tomada por quem quer que seja)[8], foi estabelecido um marco definitivo de organização administrativa em termos científicos.

Maria Sylvia Zanella Di Pietro[9] e Edmir Netto de Araújo afirmam terem existido em todas as épocas instituições administrativas, assim como órgãos que editaram regras destinadas a disciplinar e a dirigir seus serviços e funcionários[10]. Entretanto, não havia ainda o Direito

Jorge Miranda também explana que pelo menos duas divisões de poder existiram na Europa, pois as magistraturas clássicas da Grécia e de Roma dividiam o poder em inúmeros órgãos colegiados. Já o Estado estamental tinha fundamento em um dualismo de princípios: o princípio, de origem medieval, da aceitação do papel político das corporações, das ordens, das classes, dos senhorios locais; e o princípio de unidade ou de decisão central por meio do rei (MIRANDA, Jorge. *Manual de direito constitucional.* Estrutura constitucional do Estado. 6. ed. rev. e atual. Coimbra: Coimbra Editora, 2010. t. III, p. 385).

[7] Ao mencionarmos submissão do Estado à legalidade, não se está a olvidar que antes da Revolução Francesa já existiam leis voltadas à organização das comunidades, à tutela dos bens públicos e ao exercício do poder de polícia. "Muitos autores procuram demarcar o surgimento do direito administrativo pela Lei n.º 28 do *Pluviose,* de 1800, editada por Napoleão no momento de consolidação da Revolução Francesa para disciplinar positivamente as premissas de organização administrativa do Estado francês em construção. Mas tal marco não pode servir mais que uma curiosidade histórica, pois, mesmo no direito francês, o desenvolvimento do direito administrativo vai ser impulsionado por princípios e institutos de construção doutrinária e jurisprudencial, a partir de decisões do Conselho de Estado daquele país", MARQUES NETO, Floriano de Azevedo. A bipolaridade do direito administrativo e sua superação. *In:* ______; ARAGÃO, Alexandre Santos de. *Direito administrativo e seus novos paradigmas.* 2. ed. Belo Horizonte: Fórum, 2018. p. 102.

[8] Jorge Miranda alerta que Montesquieu não faz a distinção entre *faculté de statuer* e a *faculté d'empêcher no tocante ao poder judicial.*

[9] DI PIETRO, Maria Sylvia Zanella. 500 anos de direito administrativo brasileiro. *Revista Eletrônica de Direito do Estado,* Salvador, n. 5, jan./fev./mar. 2006. Fonte: http://www.direitodoestado.com.br/codrevista.asp?cod=82. Acesso em: 4 set. 2018.

[10] Na Grécia Antiga, por intermédio das obras de Aristóteles, os historiadores e jurisconsultos obtiveram dados sobre órgãos que superintendiam e fiscalizavam o comércio em cidades que possuíam mercados importantes, e disciplinavam atividades relativas a edifícios públicos, polícia de habitações, vias públicas, campos e bosques, além de oficiais de administração naval e militar. Na Roma antiga, antes da República, havia a organização dos municípios, cujo título era concedido pelos romanos respectivamente àqueles que conquistavam as cidades. Nas *Institutas,* no Código de Justiniano e no Digesto, já se tratava de noções como bens públicos de uso comum, praias e terrenos de marinha. Os éditos do pretor eram verdadeiros atos

Administrativo como ciência, que passou a ser estruturado a partir das ideias liberais da Revolução Francesa, cujos marco e elemento central era o ato administrativo.

Após o término da Segunda Guerra Mundial[11], surgiram novos focos de interesse no âmbito do Direito Administrativo, e dentre eles o mais importante: a relação entre Administração e cidadãos.

Passou-se da tradição de comportamento fechado e refratário à população para o foco na melhor forma de tutelar os interesses dos cidadãos que possuíam pleno interesse na atuação da Administração[12] enquanto destinatários dos serviços.

A noção de ato administrativo como pura manifestação do Estado passa a exigir um processo administrativo como meio dialógico para a tomada de decisão, de maneira que os diversos pontos de vista sejam apresentados previamente e permitam um confronto objetivo de ideias no âmbito da atividade administrativa.

Essa arena de discussão, semelhante a uma ágora, mas agora materializada por um processo administrativo convida os cidadãos a participar da Administração e se apresenta como expressão e efeito da moderna ideia da relação Estado-sociedade, em que se vislumbra não rigorosa separação, nem fusão, mas recíproca coordenação entre ambos[13].

A participação se torna não somente uma característica do Estado-Nação, mas razão de ser, na medida em que se implanta a consciência social de que essa atuação promoverá a melhoria da gestão pública e, consequentemente, do bem comum[14].

administrativos ordinatórios ou regulamentares, autoexecutórios. ARAÚJO, Edmir Netto de. *Curso de direito administrativo*. 8. ed. São Paulo: Saraiva, 2018. p. 30-31.

[11] "A queda do comunismo e dos regimes totalitários no último quartel do século XX resultou numa condenação moral da 'cultura do sigilo' e da falta de acesso às informações públicas por parte do corpo de cidadãos (*demos*)". RODRIGUES, João Gaspar. Publicidade, transparência e abertura na administração pública. *Revista de Direito Administrativo*, Rio de Janeiro, v. 266, p. 89-123, maio/ago. 2014. Fonte: http://bibliotecadigital.fgv.br/ojs/index.php/rda/article/download/32142/30937. Acesso em: 5 jan. 2019.

[12] MEDAUAR, Odete. *O direito administrativo em evolução*. Brasília: Gazeta Jurídica, 2017. p. 283-284.

[13] MEDAUAR, Odete. *O direito administrativo em evolução* cit., p. 294.

[14] DROMI, Roberto. *Modernización del control público*. México: Hispania Libros, 2005. p. 15-17.

Para Maria Sylvia Zanella Di Pietro, a ideia de participação foi incorporada pela Constituição de 1988[15], ao prever vários instrumentos como:

- o direito à informação (artigo 5.º, XXXIII);
- a participação dos empregadores e empregados nos colegiados dos órgãos públicos (artigo 10);
- o direito de denunciar irregularidades ao Tribunal de Contas (artigo 74, § 2.º);
- a participação do produtor e trabalhador rural no planejamento e execução da política agrícola (artigo 187);
- a participação da sociedade e dos Poderes Públicos nas iniciativas referentes à Seguridade Social (artigo 194);
- o caráter democrático e descentralizado da gestão administrativa, com a participação da comunidade, em especial de trabalhadores, empresários e aposentados na seguridade (artigo 194, VII), na saúde (artigo 198, III) e na assistência social (artigo 204, II);
- a gestão democrática do ensino público (artigo 206, VI);
- além da participação do usuário na Administração Pública direta e indireta, de modo a facilitar as reclamações contra os serviços ineficientes e o acesso do usuário a registros administrativos e a informações sobre atos de governo (artigos 37, § 3.º, e 216, § 2.º)[16].

Conforme preleciona Ingo Wolfgang Sarlet[17], o *direito à informação* é distinto do *direito de acesso à informação*, a despeito da correlação entre eles,

[15] "A Constituição da República dos Estados Unidos do Brasil de 1934 previa no capítulo dos direitos e garantias individuais, em seu art. 113, número 35, tratando de processos nas 'repartições' públicas, a 'comunicação aos interessados dos despachos proferidos, assim como das informações a que estes se refiram, e a expedição das certidões requeridas para a defesa de direitos individuais, ou para esclarecimento dos cidadãos acerca dos negócios públicos, quanto às últimas, os casos em que o interesse público imponha segredo ou reserva'". SALGADO, Eneida Desiree; VIOLIN, Tarso Cabral. Transparência e acesso à informação: o caminho para a garantia da ética na administração pública. *Eficiência e ética na administração pública*. Anais do Seminário Internacional realizado no Programa de Pós-Graduação em Direito da Pontifícia Universidade Católica do Paraná. Coordenação de Luiz Alberto Blanchet, Daniel Wunder Hachem, Ana Cláudia Santano. Curitiba: Íthala, 2015. p. 271-294.

[16] DI PIETRO, Maria Sylvia Zanella. 500 anos de direito administrativo brasileiro cit.

[17] SARLET, Ingo Wolfgang; MOLINARO, Carlos Alberto. Direito à informação e direito de acesso à informação como direitos fundamentais na Constituição brasileira. *Revista da*

pois o primeiro exige o implemento de condições institucionais por parte do Estado ou do particular para a sua realização, enquanto o segundo demanda uma prestação estatal efetiva para a sua concretização.

O primeiro está inserido no rol de direitos subjetivos específicos oriundos do direito geral de liberdade, em que há ampla possibilidade de o cidadão obter dados públicos ou privados de documentos, registros e prontuários.

Por sua vez, o *direito de acesso à informação*, implica um direito objetivo de atuação do Estado para viabilizar, mediante normas procedimentais, a possibilidade de o indivíduo obter informações sobre si mesmo, que se encontrem em poder e guarda dos órgãos e entidades públicas, ou ainda ter conhecimento dos atos praticados pela Administração como forma de agregar valor público, isto é, demonstrar os produtos e resultados gerados ou entregues pelas atividades de uma organização que representem respostas efetivas e úteis às necessidades ou às demandas de interesse público e modifiquem aspectos do conjunto da sociedade ou de alguns grupos específicos reconhecidos como destinatários legítimos de bens e serviços públicos[18].

Por conseguinte, a transparência abrange ambos, possuindo como conteúdo em sentido amplo a disseminação, a comunicação e a disponibilização de informações acessíveis, claras, precisas e objetivas, inclusive sobre a competência para o exercício de suas atribuições, quando decorrentes de conceitos jurídicos indeterminados, acrescendo também o compromisso constitucional da Administração Pública com o *accountability*[19], a

AGU, Brasília, n. 42, p. 9-38, out. 2014. Quadrimestral. Fonte: http://www.mpsp.mp.br/portal/page/portal/documentacao_e_divulgacao/doc_biblioteca/bibli_servicos_produtos/bibli_boletim/bibli_bol_2006/revista_da_agu_n__42.pdf. Acesso em: 7 out. 2019.

[18] O Decreto Federal nº 9.203/2017, que dispõe sobre a política de governança denominada como conjunto de mecanismos de liderança, estratégia e controle postos em prática para avaliar, direcionar e monitorar a gestão, com vistas à condução de políticas públicas e à prestação de serviços de interesse da sociedade elenca a transparência, dentre seus princípios.

[19] A transparência e a *accountability* englobam a comunicação pública e são discutidas em um nível supraestatal, compondo o chamado Direito Administrativo Global, movimento de aplicação de institutos considerados comuns aos povos, essenciais para a boa governança administrativa. Não se trata de uma "nova era", mas sim da intensificação de um fenômeno decorrente da globalização econômica e da *internacionalização dos direitos humanos* SUNDFELD, Carlos Ari. A Administração Pública na era do direito global. Disponível em:

responsabilização dos tomadores de decisão, a inovação e a eficiência dos processos legislativo, administrativo e judiciais, ao evidenciar os pormenores das ações na gestão, mediante a adequada motivação.

No mundo contemporâneo, a produção, a circulação e o consumo de informação são incomparáveis e permitem a fiscalização quase que simultânea (em tempo real) entre os poderes e a sociedade.

Norberto Bobbio preleciona que não existe democracia sem cidadãos que dispensem o direito de ser informados das decisões tomadas em nome do interesse coletivo e de exprimir sobre elas sua própria crítica livre[20], o que nos leva à importância da Lei de Acesso à Informação (Lei n.º 12.527/2011), que indubitavelmente tem por escopo aumentar a participação da sociedade, além de fomentar a eficiência na Administração Pública.

Ao mesmo tempo, a disponibilização de informações é um desafio porque muitos dos cidadãos não têm acesso à internet[21] ou, os que têm, não se interessam em buscar a informação disponível, mas somente aquela notícia simplificada dos meios de comunicação de sua confiança, ou atualmente informações via aplicativos de conversa (produtor na maioria dos casos de acesso à informação inverídica) o que denota a importância do exercício de uma cidadania eletrônica[22], responsável e eticamente comprometida com

http://www.egov.ufsc.br/portal/sites/default/files/anexos/31987-37499-1-PB.pdf. Acesso em: 5 fev. 2019.

[20] BOBBIO, Norberto. *Democracia e segredo*. Tradução Marco Aurélio Nogueira. São Paulo: Editora Unesp, 2015. p. 41.

[21] A Lei nº 14.351/2022 instituiu o Programa Internet Brasil com a finalidade de promover o acesso gratuito à internet em banda larga móvel aos alunos da educação básica integrantes de famílias inscritas no Cadastro Único para Programas Sociais do Governo Federal (CadÚnico) matriculados na rede pública de ensino, nas escolas das comunidades indígenas e quilombolas e nas escolas especiais sem fins lucrativos que atuam exclusivamente nessa modalidade. E o mais interessante é que esse programa contempla a disponibilização de chip, pacote de dados e dispositivo de acesso, mas de forma gradual no país, ou seja, sem prazo para implementação que por meio da transparência poderia demonstrar o gradativo cumprimento e os prazos para a conclusão.

[22] LIMBERGER, Têmis. Transparência administrativa e novas tecnologias: o dever de publicidade, o direito a ser informado e o princípio democrático. Fonte: http://bibliotecadigital.fgv.br/ojs/index.php/rda/article/view/42471/41191. Acesso em: 4 mar. 2019.

a utilização das novas tecnologias[23] para a construção de uma sociedade mais solidária, justa e democrática.

No entanto, não se podem negar situações que ficaram desamparadas pela Lei de Acesso à Informação, além do surgimento de novos desafios, na medida em que os dados da Administração são disponibilizados muitas vezes de maneira aleatória e desordenada, demandando a identificação desses pontos para que o Direito Administrativo existente os identifique, sistematize e apresente propostas construtivas/complementares.

A transparência é um conceito jurídico indeterminado que demanda o exercício da competência vinculada exclusivamente quanto à necessidade de disponibilizar as seguintes informações contidas no artigo 8.º da Lei n.º 12.527/2011:

- registro das competências e estrutura organizacional, endereços e telefones das respectivas unidades e horários de atendimento ao público;
- registros de quaisquer repasses ou transferências de recursos financeiros;
- registros das despesas;
- informações concernentes a procedimentos licitatórios, inclusive os respectivos editais e resultados, bem como a todos os contratos celebrados;
- dados gerais para o acompanhamento de programas, ações, projetos, obras e desde a inclusão do §16 ao art. 37 da CF, por intermédio da Emenda Constitucional 109/2021, impôs também a divulgação da avaliação da eficácia/eficiência das políticas públicas e seus resultados alcançados;
- respostas a perguntas mais frequentes da sociedade (*FAQ – Frequently Asked Questions*).

[23] Acrescente-se que a cidadania eletrônica deve ser inclusiva, ou seja, permitir o acesso por portadores de deficiência, merecendo destaque a iniciativa do Município de São Paulo que premia com o Selo de Acessibilidade Digital os sítios eletrônicos que cumprem critérios de acessibilidade estabelecidos nacional e internacionalmente. Fonte: https://www.prefeitura.sp.gov.br/cidade/secretarias/pessoa_com_deficiencia/selo_de_acessibilidade_digital/index.php. Acesso em: 19 out. 2019.

Poderia desta forma se argumentar que o rol acima é taxativo. Mas obviamente em razão da transparência ser um valor de alta densidade em sede de direitos fundamentais o rol é meramente exemplificativo e daí surge a discricionariedade quanto à forma[24] de disponibilização de outros dados e demais informações, criando uma miríade de procedimentos distintos, que muitas vezes não informam e apenas prejudicam a adequada compreensão dos temas[25] pelos cidadãos.

Portanto, o desiderato deste estudo é perscrutar o nível de adesão do Tribunal de Contas da União à transparência, bem como apresentar *standards* no tocante à sua concretização como procedimento, que, a nosso ver, devem ser aplicados pelos Tribunais de Contas do País.

O exercício do controle externo pelo Tribunal de Contas da União no tocante à transparência ocorre de maneira ostensiva, como podemos notar de Auditoria realizada no ano de 2014, com o objetivo de conhecer iniciativas de publicação de dados abertos na Administração Pública Federal e no âmbito internacional, resultando no Acórdão n.º 2.569.

O acórdão foi lavrado com supedâneo em um relatório de levantamento efetuado pela Secretaria de Fiscalização de Tecnologia da Informação

[24] "Celso Antônio Bandeira de Mello anota que *a discricionariedade pode derivar da hipótese da norma jurídica a ser implementada, de seu mandamento ou de sua finalidade*. Assim, verificados determinados pressupostos de fato (os motivos da doutrina francesa), o administrador poderá praticar certo ato, tendo em vista a finalidade indicada pela lei. A discricionariedade deflui do mandamento da lei, quando a norma facultar um comportamento, ao invés de exigi-lo, ou, ainda, quando outorga ao administrador o encargo de decidir sobre a providência a ser obrigatoriamente tomada, de modo a que tenha que eleger entre pelo menos duas alternativas. Também admite o autor que a lei poderá conferir discrição ao administrador quanto à forma do ato ou ao momento de sua prática". GROTTI, Dinorá. Conceitos jurídicos indeterminados e discricionariedade administrativa. Fonte: https://core.ac.uk/download/pdf/79071234.pdf. Acesso em: 5 ago. 2018.

[25] Yehezkel Dror assevera que a transparência e a publicidade favorecem a eficiência e a eficácia, na medida em que obrigam o governo a ser mais cuidadoso com o escrutínio público, mas devem ser acompanhadas de racionalidade, para que substancialmente possam servir ao público, apresentando quatro eixos: 1. a natureza da transparência e da abertura como valores e como instrumentos deve ser esclarecida; 2. algumas patologias da transparência e da abertura devem ser diagnosticadas, a fim de serem evitadas; 3. algumas precondições para se aumentar a transparência e a abertura precisam ser exploradas; 4. o aumento da transparência e da abertura deve ser pensado e repensado dentro de um contexto maior de uma democracia de qualidade. RODRIGUES, João Gaspar. Publicidade, transparência e abertura na administração pública cit., p. 89-123.

e buscou conhecer iniciativas de publicação dos dados abertos na Administração Pública Federal que promovessem a transparência, o combate à corrupção, o incremento da participação social e o desenvolvimento de novas tecnologias geradoras de benefícios tanto para a sociedade como para o próprio governo.

No levantamento, observou-se que, embora o portal da transparência da União disponibilize dados de relevância, há necessidade de evolução no tocante à quantidade de informações disponibilizadas, assim como no que atina ao formato e à atualidade dos dados, culminando com uma recomendação à Secretaria de Fiscalização de Tecnologia da Informação para que examine a viabilidade da inclusão em futuros planos de fiscalização.

Após quatro anos, a Corte de Contas produziu um Relatório Sistêmico sobre Transparência Pública[26], compilando 45 acórdãos, e os resultados de sua atuação nesse tema permitiram identificar e divulgar os avanços obtidos e os desafios a superar nessa área.

No campo dos indicadores, foi evidenciado um longo caminho a percorrer até que a União possa contar com informações necessárias, tempestivas, suficientes e disponíveis para a sociedade, com métodos e critérios que permitam verificar não somente o cumprimento de requisitos formais da legislação, mas também a inteligibilidade, a compreensibilidade e a real utilidade da informação para os usuários.

Em todos os casos, restou demonstrada a preocupação do Tribunal de Contas da União em exigir racionalidade na transparência dos demais órgãos e entidades da Administração Pública Federal, o que corrobora a importância do presente estudo.

Ainda em 2019 e reconhecendo a discricionariedade (e não vinculação) em relação à disponibilidade das demais informações apontou ao Poder Judiciário, ao Conselho Nacional de Justiça e ao Conselho Nacional do Ministério Público avaliar os seguintes aspectos:

- se há observância nos diversos conjuntos de dados publicados no sítio da organização a publicação em formato aberto;

[26] Relatório Sistêmico sobre Transparência Pública. Fonte: https://portal.tcu.gov.br/biblioteca-digital/fisc-transparencia-relatorio-sistemico-sobre-transparencia-publica.htm. Acesso em: 5 abr. 2019.

- se há publicação de informações pormenorizadas de receitas e despesas, em atendimento à Lei Complementar 101/200, art. 48, §1º, II;
- se há atendimento dos requisitos do art. 7º, §2º, da Lei 13.460/2017, ao avaliar a publicação da "carta de serviços ao usuário";
- o cumprimento das exigências da Resolução – CNJ 76/2009 (estatísticas do Poder Judiciário);
- aperfeiçoar a avaliação de transparência realizada com a inclusão de questionamentos específicos aos exigidos no Manual do Portal da Transparência do Ministério Público sobre os seguintes critérios e boas práticas em consonância com o art. 3º, I-III, combinado com art. 6º, I, combinado com art. 7º, II e VI, combinado com art. 8º, caput e § 1º, III-IV e § 2º da Lei 12.527/2011:
- publicação do inteiro teor de editais de licitações e seus anexos;
- publicação do inteiro teor de contratos administrativos, aditivos e seus anexos;
- identificação da ata de registro de preços originária, se for o caso (para adesões ou atas próprias);
- divulgação das empresas que tenham sido declaradas suspensas ou impedidas de contratar com a Administração Pública;
- publicação de dados de viagens internacionais (diárias e passagens);
- publicação da íntegra dos editais de concursos e seleções públicas;
- publicação da "carta de serviços ao usuário", para atendimento do art. 7º, § 2º e § 3º da Lei 13.460/2017 c/c art. 11, caput e § 2º e § 3º do Decreto 9.094/2017;
- divulgação de pesquisas de satisfação aplicadas com os usuários dos serviços, para atendimento do art. 23, §§ 1º e 2º da Lei 13.460/2017 c/c art. 20, caput e §§ 1º e 2º do Decreto 9.094/2017.

Entretanto, ao mesmo tempo que o órgão de contas se preocupa em exigir a transparência da Administração Pública, ao Poder Judiciário e ao Ministério Público há apenas uma recomendação. Desta forma, enquanto controle externo, qual será seu grau de adesão a essas exigências ou recomendações? Há informações classificadas no âmbito da Corte? Como ocorrem as classificações dos processos em ultrassecretos, secretos e reservados? Quais são os prazos de sigilo? Quem são os responsáveis por classificá-las, assim como controlar esses procedimentos?

Ao conceito de informação e documento, para fins de acesso à informação, o TCU atribui um sentido amplo ou restrito? Como age previamente em termos de transparência quando da edição de atos normativos? Há critérios e parâmetros jurídico objetivos nas motivações das decisões em sede de controle externo tanto em casos individuais quanto objetivos?

Como o Tribunal de Contas da União disponibiliza as informações em seu portal da transparência? Há separação por temas? Como age em termos de isonomia no julgamento dos processos de controle externo? Há uma teoria dos precedentes administrativos de modo a permitir uma comparação de atuação isonômica de modo a permitir uma comparação de atuação isonômica no tocante aos órgãos e entes controlados?

Na esfera do Direito Internacional, a Organização Internacional de Entidades Fiscalizadoras Superiores, ou mais comumente conhecida como *International Organization of Supreme Audit Institutions* (Intosai)[27], de caráter não governamental, autônoma e não política, com *status* especial no Conselho Econômico e Social das Nações Unidas (Ecosoc)[28], edita normas-padrão às entidades fiscalizadoras superiores.

Desde sua criação, em 1953, disponibiliza uma estrutura para o aprimoramento do conhecimento com intuito de melhorar globalmente o controle externo, cujas Normas Internacionais das Entidades Fiscalizadoras Superiores[29] 12, 20 e 21 consideram a transparência como

[27] "A entidade possui sede em Viena e foi constituída em 1953, por iniciativa da Corte de Contas de Cuba. Sua estrutura conta atualmente com 191 países. Tem como lema *experientia mutua omnibus prodest* (experiência mútua em benefício de todos). Seus estatutos foram aprovados no Congresso Internacional realizado em Washington em 1992 e estipulam estrutura, atribuições e normas de funcionamento da organização. É composta pelos seguintes órgãos: Congresso Internacional, Comitê Diretor, Secretaria-Geral e Grupos de Trabalho Regionais e Comissões e Grupos de Trabalho sobre temas específicos. [...] A Intosai é responsável pela aprovação das *International Standards of Supreme Audit Institutions (ISSAIs)*, que relacionam os padrões para o funcionamento das entidades de controle externo internacionais e para a realização de auditorias e entidades públicas. [...] O Tribunal de Contas da União tem atuação destacada na Intosai", NARDES, João Augusto Ribeiro. *Governança pública: o desafio do Brasil.* 2. ed. rev. e atual. Belo Horizonte: Fórum, 2016. p. 221-222.

[28] Fonte: http://www.intosai.org/fr/sur-lintosai.html. Acesso em: 5 jul. 2019.

[29] A transparência é um conceito discutido em um nível supraestatal, em que sua positivação não ocorre necessariamente por meios tradicionais (textos internacionais de caráter jurídico nas relações mútuas entre seus atores), ou seja, nos termos das regras constitucionais. Atualmente, mais e mais textos internacionais, no âmbito do Direito Administrativo,

elemento importante de boa governança no combate à corrupção e na melhoria da estrutura jurídica, organizacional, além do aperfeiçoamento da comunicação pública, por meio do monitoramento e produção de relatórios sobre a gestão dos recursos públicos.

A Intosai impõe como uma das diretrizes[30] que os Tribunais de Contas Superiores devem liderar pelo exemplo e garantir a transparência tanto na fiscalização quanto na gestão.

Além disso, por meio das Normas, exige, entre outros pontos, que a informação pública seja tempestiva e confiável, na mesma linha da Lei de Acesso à Informação em seu artigo 8.º, § 3.º, VI, mas ambas silenciam acerca de qual seria o prazo a ser considerado em termos de tempestividade para a atualização.

Nessa quadra, o que se entende por tempestiva? Como o TCU se porta perante essa lacuna? Qual seu grau de adesão às normas da Intosai?

No âmbito dos estudos do Direito Administrativo, há inúmeros textos[31] que abordam com didática a forma de atuação do Tribunal de Contas da

destituídos de *jus cogens*, são implementados sem a vinculação tradicional, mas nos termos de práticas de diplomacia multilaterais, denominada *soft law*, *soft norm* ou *droit doux* (direito flexível), de acordo com Valério de Oliveira Mazzuoli, que, com sua peculiar didática, expõe que "o direito existe na *soft law*, mas com conteúdo jurídico mais fácil de ser trabalhado, seja nos foros internacionais, seja no seio de organizações internacionais, sem um comprometimento estrito a regras rígidas", mas que nem por isso deixa de ter relevância no Direito Internacional Público. MAZZUOLI, Valerio de Oliveira. *Curso de direito internacional público*. 7. ed. rev., atual. e ampl. São Paulo: RT, 2013. p. 174-178.

[30] "Las Entidades Fiscalizadoras Superiores establecen una diferencia en las vidas de los ciudadanos al(...):
Ser una organización modelo a través del ejemplo:
Principio 8: Garantizar apropiada transparencia y rendición de cuentas de las EFS.
Principio 9: Garantizar la buena gobernanza de las EFS.
Principio 10: Cumplir con el código de ética de las EFS.
Principio 11: Esforzarse por conseguir la excelencia y la calidad del servicio.
Principio 12: Creación de capacidades a través de la promoción del aprendizaje y de compartir conocimientos." Fortalecimiento de las Entidades Fiscalizadoras Superiores. Una guía para mejorar el desempeño. Disponível em: http://www.intosai.org/fileadmin/downloads/downloads/4_documents/publications/span_publications/SPA_CBC_2018_Strengthening_SAIs.pdf. Acesso em: 28 maio 2019.

[31] O Direito enquanto ciência não impõe a doutrinação, mas sim o questionamento e a argumentação, de forma a convencer o leitor. Portanto, o mais correto em nossa visão é o vocábulo literatura em substituição à terminologia doutrina.

União, enquanto controle externo (análise estática), especialmente sobre suas competências (constitucionais e legais), bem como o conteúdo de seus arestos (análise dinâmica)[32].

Portanto, as respostas pretendem ser apresentadas não somente pela Lei de Acesso à Informação, mas também pela Lei Orgânica, seu Regimento Interno e os atos normativos decorrentes, bem como arestos da própria Corte e do Supremo Tribunal Federal que trataram do tema, mas sempre com foco na transparência no âmbito do Tribunal de Contas da União em duas vertentes de atuação: no desempenho de sua atividade-fim (a fiscalização), em que serão analisadas as regras e polêmicas sobre a forma de fiscalizar e aplicar sanções a seus jurisdicionados.

A outra vertente será sobre sua transparência como organismo integrante do Estado, de forma a expor as práticas que o órgão emprega na disponibilização de informações sobre sua gestão interna, se divulga os critérios para nomeações de servidores para cargos em comissão e, também, como seus procedimentos internos dispõem de instrumentos para viabilizar a existência de um efetivo controle social de suas práticas administrativas.

O objetivo inicial era alinhar pontos de intersecção relacionados à transparência, à gestão e à fiscalização na atuação dos 33 Tribunais de Contas no País[33], considerando as respectivas peculiaridades.

Para tanto, foram elaboradas perguntas com foco na gestão e na fiscalização desses órgãos. Contudo, em virtude da baixa colaboração dos

[32] Flávio Garcia Cabral distingue as abordagens possíveis do Tribunal de Contas da União em estática (exame dos aspectos formais e teóricos da instituição, tais como os elementos normativos constitucionais e legais, suas atribuições, composição e prerrogativas, entre outros elementos estudados em abstrato) e dinâmica ou concreta (em que a análise em abstrato é levada em consideração, mas deixada em segundo plano, sendo o enfoque sua atuação *in concreto*). *O Tribunal de Contas da União na Constituição Federal de 1988*. São Paulo: Verbatim, 2014. p. 15-16.

[33] No dia 26 de outubro de 2017, o Supremo Tribunal Federal julgou improcedente a Ação Direta de Inconstitucionalidade n.º 5763 e declarou a validade da Emenda Constitucional n.º 92 do Estado do Ceará, que extinguiu o Tribunal de Contas dos Municípios do Ceará e o incorporou ao Estado. Fonte: http://www.stf.jus.br/portal/cms/verNoticiaDetalhe.asp?idConteudo=360247. Acesso em: 1.º jul. 2019.

órgãos de contas estaduais e municipais (ainda existentes)[34], esse método foi abandonado.

Optou-se então por centralizar o estudo no Tribunal de Contas da União em razão de sua relevância institucional, além da necessidade de delimitar o universo de normas e acórdãos a consultar.

Este trabalho aborda, no primeiro capítulo, a origem do dever de transparência, seu conteúdo e outros aspectos.

Mais adiante, discorremos sobre a natureza jurídica do Tribunal de Contas da União, suas competências constitucionais e legais, assim como a mutação constitucional que culminou com a ampliação do rol de suas atribuições, inclusive com o apoio do Supremo Tribunal Federal.

Na sequência, perquirimos sobre a (in)suficiência na motivação que acompanhou esse alargamento de suas atribuições, assim como as formas em que a transparência é apresentada ou não no exercício da fiscalização em sede de processos de controle externo.

No terceiro capítulo, analisamos a transparência na gestão do Tribunal de Contas, isto é, como organismo integrante do Estado, que contrata e nomeia pessoas para o exercício de cargos em comissão, edita atos internos e tem o dever de divulgá-los, de maneira a permitir a participação social, que possui um subitem específico.

Ao final, apresentamos as considerações finais sobre os temas e problemas expostos no decorrer do presente trabalho.

[34] Art. 31 da CF: A fiscalização do Município será exercida pelo Poder Legislativo Municipal, mediante controle externo, e pelos sistemas de controle interno do Poder Executivo Municipal, na forma da lei.
§ 1º O controle externo da Câmara Municipal será exercido com o auxílio dos Tribunais de Contas dos Estados ou do Município ou dos Conselhos ou Tribunais de Contas dos Municípios, onde houver.
§ 2º O parecer prévio, emitido pelo órgão competente sobre as contas que o Prefeito deve anualmente prestar, só deixará de prevalecer por decisão de dois terços dos membros da Câmara Municipal.
§ 3º As contas dos Municípios ficarão, durante sessenta dias, anualmente, à disposição de qualquer contribuinte, para exame e apreciação, o qual poderá questionar-lhes a legitimidade, nos termos da lei.
§ 4º É vedada a criação de Tribunais, Conselhos ou órgãos de Contas Municipais.

1.
A DEMOCRATIZAÇÃO DA ADMINISTRAÇÃO PÚBLICA: DA PUBLICIDADE À TRANSPARÊNCIA

Na linha do exposto sobre a democratização da Administração Pública, serão abordadas neste primeiro tópico as diferenças entre o princípio da publicidade, previsto no *caput* do artigo 37 da Carta Magna, e o dever de transparência na atuação dos entes públicos.

Alexandre Santos Celso de Aragão[35], Celso Antônio Bandeira de Mello[36], José dos Santos Carvalho Filho[37], Marçal Justen

[35] ARAGÃO, Alexandre Santos de. *Curso de direito administrativo*. Rio de Janeiro: Forense, 2012. p. 75-78.

[36] "Consagra-se nisto o dever administrativo de manter plena transparência em seus comportamentos. Não pode haver em um Estado Democrático de Direito, no qual o poder reside do povo (art. 1.º, parágrafo único, da Constituição), ocultamento aos administrados dos assuntos que a todos interessam, e muito menos em relação aos sujeitos individualmente afetados por alguma medida. [...] Como conclui Weida Zancaner em magnífico artigo sobre o tema, da íntegra da lei deflui claro o objetivo de *tornar transparente toda a atividade estatal*, inclusive seus planos de governo e a forma de implementá-los, fazendo-o através de fácil acesso deles a toda a sociedade". BANDEIRA DE MELLO, Celso Antônio. *Curso de direito administrativo*. 32. ed. São Paulo: Malheiros, 2015. p. 117-118.

[37] "No sistema da Lei de Acesso, foram contempladas duas formas de publicidade. A primeira foi denominada de *transparência ativa*, marcada pelo fato de que as informações são transmitidas *ex officio* pela Administração, inclusive pela referência nos respectivos sítios eletrônicos. A segunda chama-se *transparência passiva*, caracterizando-se pelo procedimento em que o

Filho[38] e Sílvio Luís Ferreira da Rocha[39] compreendem a publicidade e a transparência como sinônimos.

Em contraposição, Thiago Marrara[40] apresenta a publicidade como gênero do qual são espécies a (i) publicidade formal; (ii) a publicidade educativa; (iii) a publicidade transparência; (iv) a publicidade participação; e (v) a publicidade interna.

A publicidade formal seria o estágio mais simples, em que se considera que o Poder Público deve divulgar seus atos para que produzam efeitos externos, ou seja, seu objetivo seria apenas cumprir um mero requisito jurídico.

A publicidade educativa decorre do artigo 37, § 1.º, da Constituição Federal e possui caráter bifronte, pois foi editada com o objetivo de impedir o administrador de utilizar a máquina e os recursos estatais para se promover, assim como orientar a Administração Pública ao informar as políticas públicas ou programas propostos à sociedade.

Por sua vez, a publicidade transparência está atrelada à legalidade, na medida em que as informações disponibilizadas pelo Estado e obtidas pelos cidadãos mostram-se fundamentais para que estes exerçam seus direitos e liberdades e/ou controlem a prática de atos ilegais e abusivos praticados pela Administração Pública.

interessado formula sua postulação ao órgão que detém a informação". CARVALHO FILHO, José dos Santos. *Manual de direito administrativo*. 32. ed. São Paulo: Atlas, 2018. p. 28.

38 "O princípio da publicidade exige que os atos estatais sejam levados ao conhecimento de todos, ressalvadas hipóteses em que se justificar o sigilo. A publicidade desempenha duas funções complementares. Por um lado, assegura a todos o poder de obter informações relativamente às ações e omissões praticadas por agentes estatais e mesmo não estatais, quando na gestão de recursos públicos. Por outro lado, a garantia do conhecimento por quaisquer terceiros é um fator de desincentivo à prática de atos reprováveis, eis que eleva a possibilidade de que as práticas reprováveis sejam reveladas. A garantia da publicidade envolve, por um lado, a divulgação de informações de um modo impessoal e generalizado, para conhecimento público". JUSTEN FILHO, Marçal. *Curso de direito administrativo*. 12. ed. São Paulo: RT, 2016. p. 65.

39 ROCHA, Sílvio Luís Ferreira da. *Manual de direito administrativo*. São Paulo: Malheiros, 2014. p. 75-77.

40 MARRARA, Thiago. *O princípio da publicidade: uma proposta de renovação*. *In*: ______ (org.). *Princípios de direito administrativo*: legalidade, segurança jurídica, impessoalidade, publicidade, motivação, eficiência, moralidade, razoabilidade, interesse público. São Paulo: Atlas, 2012. p. 280-299.

Mais adiante, o administrativista apresenta outro motivo para demonstrar a importância da publicidade transparência, qual seja a necessidade de ampliar os meios de controle da Administração Pública, tanto interno quanto o externo e o social.

Em acréscimo à explanação do autor, compreendemos que a publicidade transparência, além de ser uma decorrência fundamental do conceito de República enquanto instrumento de análise acerca da eficiência do Estado, permite a ponderação sobre os resultados e a adequada gestão da coisa pública, além da responsabilização dos agentes públicos, pois, ao compilar a informação para disponibilizar à sociedade, o gestor público acaba sendo forçado a realizar uma crítica do assunto e, ao mesmo tempo, a sociedade para compreender aquela informação também assim o faz e pode exigir informações ou providências por parte da Administração.

E não obtendo informações satisfatórias pode buscar o controle externo aí entendido tanto o Ministério Público quanto os Tribunais de Contas para que adotem eventuais providências relacionadas à responsabilização dos agentes públicos.

Quanto à publicidade participação, na linha do controle social e da Administração Pública dialógica e consensual, essa faceta desponta como concretização do axioma democracia e, via de consequência, como um fator de legitimação das ações públicas.

Por fim, a publicidade interna surge como um direcionamento e coordenação das atividades dos agentes públicos no exercício da função administrativa, especialmente no tocante à execução de políticas públicas entre as federações.

Wallace Paiva Martins Araújo[41] assevera que a transparência é um conceito abrangente que se concretiza pelos subprincípios da publicidade, motivação e participação popular, pois uma análise sistemática do ordenamento jurídico nacional revela que a transparência estatal deriva de princípios fundamentais estruturantes, como o democrático e o republicano.

[41] MARTINS JUNIOR, Wallace Paiva. *Tratado de direito administrativo*: teoria geral e princípios do direito administrativo. Coordenação Maria Sylvia Zanella Di Pietro. São Paulo: RT, 2014. v. 1, p. 420.

O Pleno do Supremo Tribunal Federal, em duas oportunidades, compreendeu a publicidade como um gênero em que está abrangida a espécie transparência em arestos de relatoria dos eminentes Ministros Marco Aurélio[42] e Dias Toffoli[43].

A primeira oportunidade de análise ocorreu em uma lei estadual que visava dificultar ao Tribunal de Contas do Estado do Ceará o cumprimento de seus misteres de fiscalização, e o Ministro Marco Aurélio declarou a inconstitucionalidade da norma por reputar vulnerada a transparência como corolário do princípio da publicidade.

O segundo caso diz respeito especificamente a uma lei estadual do Rio Grande do Sul que impôs ao Poder Executivo a publicação anual de obras relacionadas a rodovias, portos e aeroportos.

O Governador do Estado do Rio Grande do Sul propôs uma ação direta de inconstitucionalidade alegando vício de iniciativa e competência

[42] Administração pública. Publicidade. *A transparência decorre do princípio da publicidade.* Tribunal de Contas. Fiscalização. Documentos. Descabe negar ao Tribunal de Contas o acesso a documentos relativos à Administração Pública e ações implementadas, não prevalecendo a óptica de tratar-se de matérias relevantes cuja divulgação possa importar em danos para o Estado. *Inconstitucionalidade de preceito da Lei Orgânica do Tribunal de Contas do Estado do Ceará que implica óbice ao acesso* (Ação Direta de Inconstitucionalidade n.º 2361/CE, Plenário, Rel. Min. Dias Toffoli, j. 24.09.2014, *DJe* 22.10.2014).

[43] Ação direta de inconstitucionalidade. Lei n.º 11.521/2000 do Estado do Rio Grande do Sul. Obrigação do Governo de divulgar na imprensa oficial e na internet dados relativos a contratos de obras públicas. Ausência de vício formal e material. *Princípio da publicidade e da transparência.* Fiscalização. Constitucionalidade. [...]
2. Lei que obriga o Poder Executivo a divulgar na imprensa oficial e na internet dados relativos a contratos de obras públicas não depende de iniciativa do chefe do Poder Executivo. A lei em questão não cria, extingue ou modifica órgão administrativo, tampouco confere nova atribuição a órgão da administração pública. [...]
3. *A legislação estadual inspira-se no princípio da publicidade, na sua vertente mais específica, a da transparência dos atos do Poder Público. Enquadra-se, portanto, nesse contexto de aprimoramento da necessária transparência das atividades administrativas, reafirmando e cumprindo o princípio constitucional da publicidade da administração pública (art. 37,* caput, *CF/88).*
4. É legítimo que o Poder Legislativo, no exercício do controle externo da administração pública, o qual lhe foi outorgado expressamente pelo poder constituinte, implemente medidas de aprimoramento da sua fiscalização, desde que respeitadas as demais balizas da Carta Constitucional, fato que ora se verifica. [...]
(Ação Direta de Inconstitucionalidade n.º 2444/RS, Plenário, Rel. Min. Dias Toffoli, j. 06.11.2014, *DJe* 30.01.2015).

exclusiva da União para legislar sobre licitações, devendo obediência incondicional ao modelo de publicidade contido na legislação federal, além de criar nova forma de divulgação de contratos administrativos, aumentando despesas do Poder Público e subvertendo o sistema federativo.

O STF entendeu que a legislação estadual impugnada se inspirou no princípio da publicidade, em sua vertente mais específica, a da transparência dos atos do Poder Público, dando a ele concretude, e que, além disso, ao Poder Legislativo, no exercício do controle externo da Administração Pública, compete implementar medidas de aprimoramento de sua fiscalização, desde que respeitadas as demais balizas da Carta Constitucional.

Mais recentemente, a Suprema Corte vem se manifestando no sentido de que a transparência tem como fundamento os princípios republicano e democrata[44].

Edmir Netto de Araújo afirma que a publicidade é a "divulgação oficial do ato para conhecimento público e início de seus efeitos externos"[45], ou seja, trata-se de condição para que leis, atos administrativos e contratos produzam eficácia perante terceiros, ao passo que a transparência é o direito de todos terem conhecimento do que os agentes fazem no gerenciamento da coisa pública.

Outrossim, para João Gaspar Rodrigues, há diferença entre a publicidade e a transparência não apenas morfológica, mas política e histórica. A publicidade remonta a discussões políticas e à tomada de decisões em público, como acontecia na ágora ateniense e no fórum romano.

[44] [...]. Prestação de contas das doações de partidos para candidatos. Necessidade de identificação dos particulares responsáveis pela doação ao partido. Exigência republicana de transparência.
1. O grande desafio da Democracia representativa é fortalecer os mecanismos de controle em relação aos diversos grupos de pressão, não autorizando o fortalecimento dos "atores invisíveis de poder", que tenham condições econômicas de desequilibrar o resultado das eleições e da gestão governamental.
2. Os princípios democrático e republicano repelem a manutenção de expedientes ocultos no que concerne ao funcionamento da máquina estatal em suas mais diversas facetas. É essencial ao fortalecimento da Democracia que o seu financiamento seja feito em bases essencialmente republicanas e absolutamente transparentes. [...] (Ação Direta de Inconstitucionalidade n.º 5394/DF, Plenário, Rel. Min. Alexandre de Moraes, j. 22.03.2018, *DJe* 15.02.2019).

[45] ARAÚJO, Edmir Netto de. *Curso de direito administrativo* cit., p. 85.

Por seu turno, a transparência é um termo moderno que requer uma Administração Pública diáfana, garantindo o acesso dos cidadãos à informação para permitir seu controle[46].

Em nosso sentir, a transparência realmente é distinta da publicidade[47], na medida em que esta última desponta, desde a criação do *journel officiel* em França no ano de 1811, como condição de produção de efeitos externos dos atos administrativos, isto é, antes da publicidade no Diário Oficial o ato administrativo não se completou, pois não concluiu todas as fases necessárias à sua inserção no mundo jurídico, e colacionamos de maneira exemplificativa as respectivas Leis de Licitações (8.666/93 e 14.133/2021)[48] e de contrato de desempenho (Lei nº 13.934/2019):

> Art. 61. Todo contrato deve mencionar os nomes das partes e os de seus representantes, a finalidade, o ato que autorizou a sua lavratura, o número do processo da licitação, da dispensa ou da inexigibilidade, a sujeição dos contratantes às normas desta Lei e às cláusulas contratuais.
>
> Parágrafo único. A publicação resumida do instrumento de contrato ou de seus aditamentos na imprensa oficial, que é condição indispensável para sua *eficácia*, será providenciada pela Administração até o quinto dia útil do mês seguinte ao de sua assinatura, para ocorrer no prazo de vinte dias daquela

[46] RODRIGUES, João Gaspar. Publicidade, transparência e abertura na administração pública cit., p. 89-123.

[47] No mesmo diapasão, Carlos Ari Sundfeld distingue a publicidade da transparência, *Uma autoridade normativa, técnica e nacional para a gestão pública. In*: MORA, Fabrício; GARBADO, Emerson (coord.). *Limites do controle nacional da administração pública no Estado de Direito.* Curitiba: Íthala, 2019.

[48] Até a conclusão deste estudo ambas as leis estão vigentes em razão da Medida Provisória nº 1.167, de 21 de março de 2023, que assim dispõe:
Art. 191. Até o decurso do prazo de que trata o inciso II do caput do art. 193, a Administração poderá optar por licitar ou contratar diretamente de acordo com esta Lei ou de acordo com as leis citadas no referido inciso, desde que:
I – a publicação do edital ou do ato autorizativo da contratação direta ocorra até 29 de dezembro de 2023; e II – a opção escolhida seja expressamente indicada no edital ou no ato autorizativo da contratação direta.
§ 1º Na hipótese do caput, se a Administração optar por licitar de acordo com as leis citadas no inciso II do caput do art. 193, o respectivo contrato será regido pelas regras nelas previstas durante toda a sua vigência.

data, qualquer que seja o seu valor, ainda que sem ônus, ressalvado o disposto no art. 26 desta Lei.

Art. 94. A divulgação no Portal Nacional de Contratações Públicas (PNCP) é condição indispensável para a *eficácia* do contrato e de seus aditamentos e deverá ocorrer nos seguintes prazos, contados da data de sua assinatura:

I – 20 (vinte) dias úteis, no caso de licitação;

II – 10 (dez) dias úteis, no caso de contratação direta.

§ 1º Os contratos celebrados em caso de urgência terão *eficácia* a partir de sua assinatura e deverão ser publicados nos prazos previstos nos incisos I e II do **caput** deste artigo, sob pena de nulidade.

Art. 7º O contrato de desempenho deverá conter, entre outras, cláusulas que estabeleçam:

(...)

Parágrafo único. O supervisionado deve:

I – publicar o extrato do contrato em órgão oficial, sendo a publicação condição indispensável para a *eficácia* do contrato;

II – promover ampla e integral divulgação do contrato por meio eletrônico.

Já a transparência resultou de uma evolução do modo de atuar da Administração Pública em compasso com a democracia e o direcionamento para o processo administrativo como elemento central do Direito Administrativo[49] de forma a torná-lo dialógico, abarcando não somente o resultado das decisões tomadas, mas também o processo até ela, a fim de permitir o pleno controle[50] e o combate à corrupção, na linha

[49] PEREIRA DA SILVA, Vasco Manuel Pascoal. *Em busca do acto administrativo perdido*. Coimbra: Almedina, 1995. p. 301-433.

[50] SANTANO, Ana Cláudia. A publicidade, a transparência e a accountability no desenvolvimento de políticas públicas e no combate à corrupção: uma aproximação conceitual. *Eficiência e ética na administração pública*. Anais do Seminário Internacional realizado no Programa de Pós-Graduação em Direito da Pontifícia Universidade Católica do Paraná. Coordenação de Luiz Alberto Blanchet, Daniel Wunder Hachem, Ana Cláudia Santano. Curitiba: Íthala, 2015. p. 295-314.

do que dispõe a Convenção das Unidas contra a Corrupção (Decreto nº 5.687/2006)[51].

Portanto, a transparência é a essência da democracia considerada como cláusula pétrea prevista no art. 1.º da Carta Magna, sendo equivocado tratá-la como um subprincípio da publicidade, na medida em que seu conceito é muito mais abrangente e engloba este último.

Entretanto, obviamente, os aspectos econômicos também influenciam a transparência, porquanto seu conceito projeta um efeito de confiança no investidor estrangeiro ao afastar a ideia de um Estado arbitrário e imprevisível, além de gerar uma tranquilidade social e maior legitimação dos atos estatais[52] e podemos até citar que nos países nórdicos sempre colocados no topo do Índice de Percepção da Corrupção, produzido pela Transparência Internacional, tais como Noruega, Finlândia, Dinamarca e Suécia divulgam anualmente os ganhos de todos os cidadãos (agentes públicos ou funcionários do mercado privado) com base nas declarações de imposto de renda, contemplando fontes sujeitas à tributação, montante de impostos pagos, nome da pessoa, data de nascimento, cidade em que vive, quanto deve ou vai receber de reembolso[53].

[51] Artigo 5 – Políticas e práticas de prevenção da corrupção
1. Cada Estado Parte, de conformidade com os princípios fundamentais de seu ordenamento jurídico, formulará e aplicará ou manterá em vigor políticas coordenadas e eficazes contra a corrupção que promovam a participação da sociedade e reflitam os princípios do Estado de Direito, a devida gestão dos assuntos e bens públicos, a integridade, *a transparência* e a *obrigação de render contas.*

[52] MOREIRA, Egon Bockmann. *Qual é o futuro do direito da regulação no Brasil?. In:* SUNDFELD, Carlos Ari; ROSILHO, André (org.). *Direito da regulação e políticas públicas.* São Paulo: Malheiros, 2014.
"Em determinados casos o Poder Público passou a ser obrigado a colher manifestações das pessoas privadas como condição à tomada de decisões discricionárias (por exemplo, audiências públicas das agências reguladoras e procedimentos de manifestação de interesse nas parcerias público-privadas. [...] A pluralidade democrática e o multiculturalismo participativo [...] aumentam as demandas e afastam as soluções outrora padronizadas" (Idem, p. 109).

[53] Brasil ignora regras de transparência, e países menos corruptos abrem dados até de IR dos cidadãos. Fonte: https://www.estadao.com.br/politica/brasil-ignora-regras-de-transparencia-e-paises-menos-corruptos-abrem-dados-ate-de-ir-dos-cidadaos/#:~:text=O%20%C3%8Dndice%20de%20Percep%C3%A7%C3%A3o%20da,de%202022%2C%20o%20mais%20recente. Acesso em 03 abr. 2023.

O Tribunal de Contas da União, da mesma forma que a INTOSAI, distingue a publicidade da transparência e reconhece que esta última tem como fundamentos o Estado de Direito e a Democracia[54].

A afirmação consta de seu Relatório Sistêmico sobre Transparência Pública, que reconheceu a importância do levantamento e produção de informações, assim como do exercício fiscalizatório como medidas de promoção da integridade na gestão dos negócios públicos e busca de melhores resultados pelas ações de governo, por meio da exigência de aperfeiçoamento da gestão das finanças públicas e apresentação de indicadores que devem retratar o desempenho e os resultados alcançados para posterior divulgação, garantindo a rastreabilidade das decisões e tornando os agentes públicos mais responsivos à sociedade[55].

[54] "Conceitos de *accountability* e transparência. O Estado de direito e a democracia são fundamentos essenciais de auditoria independente e responsável do governo e são pilares da Declaração de Lima. A independência, *accountability* e transparência das EFS são pré-requisitos essenciais para uma democracia baseada no Estado de direito e permitem que as EFS liderem pelo exemplo e aumentem sua credibilidade. *Accountability* e a transparência são dois elementos importantes de boa governança. A transparência é uma força poderosa que, quando aplicada de forma consistente, pode ajudar a combater a corrupção, melhorar a governança e promover a *accountability*". Fonte: https://portal.tcu.gov.br/lumis/portal/file/fileDownload.jsp?fileId=8A8182A2561DF3F501562329409F78D5. Acesso em: 10 out. 2019.

[55] Sem esgotar os exemplos, o Relatório Sistêmico sobre Transparência Pública apresentou acórdãos relacionados aos seguintes órgãos e entidades: (i) Conselho Administrativo de Recursos Fiscais (Carf): A auditoria teve por objetivo analisar a estrutura organizacional do Carf, bem como eventuais alterações promovidas com vistas à melhoria de gestão. Os principais problemas identificados foram a ausência de transparência no processo de seleção dos conselheiros e deficiências nos instrumentos disponibilizados pelo Carf para fomentar o controle social. As determinações e recomendações do TCU foram: divulgação, no sítio do Carf, das listas tríplices elaboradas pela Receita Federal e pelas entidades, bem como dos respectivos currículos mínimos dos candidatos e aprovados no processo de seleção de conselheiros, a fim de atender o disposto em seu Regimento Interno; a criação de canais para recebimento de denúncias e *links* específicos na página do Carf na internet; e a divulgação dos canais de comunicação para o público interno e externo. Inserção do Carf, como órgão destinatário, no e-SIC e elaboração de rotinas para garantir a atualização e tempestividade das informações gerenciais sobre as atividades desempenhadas pelo Carf em sua página na internet; (ii) Instituto Nacional de Reforma Agrária – Incra: Por meio de cruzamento de dados, foram identificadas 578 mil irregularidades na ocupação dos lotes da reforma agrária, alcançando cerca de 31% da base de beneficiários, que tiveram como consequência a ocupação de imóveis rurais destinados ao programa por beneficiários não pertencentes ao

O reconhecimento da transparência como um princípio, pelo Tribunal de Contas da União, ocorreu em caso relatado pelo Ministro Bruno Dantas (Acórdão n.º 2323/2019, Plenário).

Na oportunidade, a Secretaria da Infraestrutura (SeInfra), a pedido do Congresso Nacional, fiscalizou a Agência Nacional de Transportes Terrestres (ANTT) com o objetivo de avaliar a efetividade do modelo brasileiro de concessões rodoviárias, dando especial atenção à relação custo-benefício dos respectivos contratos. A auditoria procurou responder às seguintes questões:

a) O programa criado para realização das concessões de rodovias federais (Procrofe) apresenta definição de objetivos, metas, responsabilidades, processos e ferramentas para o monitoramento dos resultados e tomada de decisão?

público-alvo (em, aproximadamente, R$ 159 bilhões) e a remissão de créditos da reforma agrária (perdão de dívidas) a beneficiários irregulares (R$ 6,1 milhões). Os principais problemas identificados foram a ausência de ampla divulgação da abertura do processo de seleção de candidatos ao Programa de Reforma Agrária; o direcionamento do processo de inscrição a famílias indicadas por movimentos sociais e/ou associações; a adoção de procedimentos de classificação que não garantem o cumprimento dos critérios de priorização previstos na legislação; inobservância de requisitos obrigatórios dos beneficiários do Programa de Reforma Agrária; ausência de motivação nos casos de candidatos eliminados; inconsistências na base de dados do Sistema de Informações de Projetos de Reforma Agrária (Sipra) em relação aos dados informados pelos beneficiários; Ausência da ordem de classificação de inscritos quando da publicação do resultado do processo seletivo no *site* da Autarquia. As determinações e recomendações do TCU foram: suspensão de concessão de benefícios associados à reforma agrária para beneficiários irregulares; suspensão de novos processos de seleção de beneficiários e da homologação dos processos que estavam em andamento; anulação dos processos de seleção de beneficiários em andamento ou concluídos, quando os beneficiários não foram emitidos na posse; ampla divulgação do processo de seleção de candidatos da reforma agrária; instalação de processo aberto de inscrição para o programa de reforma agrária, com proibição de uso de listas fechadas enviadas por particulares, como entidades de representação e movimentos sociais; ampla divulgação dos resultados da seleção, de acordo com os ditames da Lei 8.629/1993, com um processo de trabalho que garanta o contraditório, a ampla defesa e o controle social das listas de beneficiários, dentre outras. *Desenvolvimento de indicadores de qualidade e resultados dos projetos de assentamento.* Fonte: https://portal.tcu.gov.br/lumis/portal/file/fileDownload.jsp?fileId=8A81881F681500A6016852B9882E0808. Acesso em: 5 abr. 2019.

b) A concessão de rodovias federais à iniciativa privada tem proporcionado as melhorias esperadas na malha concedida?
c) A concessão de rodovias federais à iniciativa privada tem proporcionado economicidade no uso de recursos de natureza pública (despesas orçamentárias, pedágios, subsídios etc.)?

Constatou-se que o Programa de Concessões de Rodovias Federais (Procrofe), em curso há cerca de 25 anos, não segue as boas práticas de planejamento e gestão, sobretudo no que se refere à formulação de seus objetivos e outros atributos essenciais ao monitoramento e à orientação decisória para aperfeiçoamento e otimização de seus resultados, pois não existem indicadores e metas que proporcionem avaliação do desempenho conjunto das concessões de rodovias e orientação para o aperfeiçoamento do programa em geral, o que impede de analisar se os fatores de riscos potenciais externos e internos são efetivamente identificados ou avaliados.

No tocante à economicidade, verificou-se que as concessões mais recentes propiciaram melhora significativa na relação entre o total pago via pedágio e o total de quilômetros custeados com tais recursos, mas ao mesmo tempo mostrou-se significativa a participação da União no financiamento dessas melhorias, seja via aporte de recursos diretos de R$ 561.603.305,02, entre 2015 e 2016, seja via BNDES, com financiamentos contratados da ordem de R$ 16,1 bilhões com as concessionárias.

A partir dessas constatações, foi determinado ao Ministério da Infraestrutura (Acórdão n.º 2.190/2019, Plenário, Relatoria Ministro Bruno Dantas) que, com a ANTT, e em observância ao princípio da transparência, elaborem mecanismos de tratamento das informações contábeis apresentadas pelas concessionárias, a fim de identificar valores pelas empresas a título de investimentos em concessões rodoviárias federais, em atenção ao Decreto n.º 9.203/2017[56].

Sem prejuízo das determinações *supra*, restou consignada a necessidade de um planejamento estratégico com ferramentas de governança e gestão que proporcionem avaliação e informações gerenciais contemplando, no mínimo, a definição das diretrizes, objetivos e metas mensuráveis do

[56] Dispõe sobre a política de governança da administração pública federal direta, autárquica e fundacional.

programa, assim como a elaboração de indicadores de desempenho, a fim de proporcionar transparência à execução, ao acompanhamento e à avaliação do programa (*Value for Money*[57]), e avaliar a eficácia[58] e a eficiência[59] do modelo de contratação para a tomada de decisão sobre eventual concessão à iniciativa privada ou exploração direta de rodovias pelo Estado, em homenagem aos princípios[60] da transparência e da motivação dos atos administrativos.

1.1. A origem da transparência – Suécia

Segundo Alexandre Piraux[61], a transparência se originou em Roma com os censores, cujo escopo era determinar um *ranking* financeiro, político e militar dos cidadãos pelo censo, a fim de controlar moralmente os excessos de riqueza e luxo, e, ao fim e ao cabo, combater a corrupção.

[57] "Terminologia britânica, *Value for Money (VfM)*, refere-se às vantagens socioeconômicas para a sociedade (benefícios tangíveis e intangíveis) obtidas por meio do fornecimento de determinado serviço por parceiro privado, em determinada qualidade, *vis-à-vis* os custos (tangíveis e intangíveis) para tornar tal serviço disponível por meio do método tradicional de contratação, ou pela prestação direta pelo Estado". Fonte: http://www.planejamento.gov.br/publicacoes/assuntos-internacionais/SEAIN_Infraestrutura_PPP_web_8fev2017.pdf. Acesso em: 10 out. 2019.

[58] A medida de análise entre os resultados pretendidos pela Administração Pública e os efetivamente alcançados.

[59] A busca de geração de resultados por parte da Administração Pública com o menor dispêndio possível de recursos econômicos.

[60] Sobre os princípios e sua aplicação, Carlos Ari Sundfeld explana que ao se decidir com base em textos normativos de elevada indeterminação, cujo conteúdo, de tão escasso, não revela a norma que supostamente contêm, o autor do ato administrativo ou judicial terá de suportar os ônus da competência (sua intervenção dependerá de elementos especiais de ordem institucional que a justifiquem), e do regulador (será indispensável formular de modo explícito a regra geral que vai aplicar, justificando-a com a análise profunda das alternativas existentes, de seus custos e, ainda, de seus possíveis efeitos positivos e negativos), o que inclusive foi positivado por intermédio do artigo 20 da Lei de Introdução às Normas do Direito Brasileiro. SUNDFELD, Carlos Ari. *Direito administrativo para céticos. Princípio é preguiça?* São Paulo: Malheiros, 2014. p. 205-229.

[61] *La double nature de la transparence dans l'administration*. Disponível em: http://www.centre-craig.org/medias/cahiers-craig/Cahier_craig_2015-12_P%C3%AFraux_gouv-1.pdf. Acesso em: 10 jan. 2019.

Na Suécia, Anders Chydenius contribuiu para a edição da Lei de Liberdade de Imprensa, editada em 2 de dezembro de 1766[62], cujo teor é amplamente considerado o mais antigo diploma legislativo acerca da liberdade de informação[63].

De acordo com John Ackermann e Irma Sandoval Ballesteros, Anders Chydenius nutriu inspiração na instituição chinesa do censor imperial, fundada em uma filosofia humanista[64], que tinha como objetivo investigar o governo e seus oficiais, além de expor o desgoverno, as ineficiências burocráticas e a corrupção oficial[65].

Seu conteúdo diz respeito não somente ao acesso a documentos oficiais, mas também ao livre exercício da divulgação de pensamentos e ideias, independentemente de prévia análise, bem como a garantia ao anonimato no exercício desses direitos fundamentais, obviamente desde que nos limites da lei, o que difere de nosso ordenamento jurídico, em que o artigo 5.º, IV, da Carta Magna veda expressamente esse tipo de conduta.

[62] Além da legislação sueca, Ingo Wolfgang Sarlet e Carlos Alberto Molinaro destacam como precursores do direito à informação o Código de Organización Política y Municipal de 1888, da Colômbia, e, no plano constitucional, a Declaração de Direitos inglesa, de 1689, e a primeira emenda à Constituição dos Estados Unidos da América, de 1791. SARLET, Ingo Wolfgang; MOLINARO, Carlos Alberto. *Direito à informação e direito de acesso à informação como direitos fundamentais na Constituição brasileira*, cit., p. 9-38.

[63] "A Suécia é um tanto singular pelo fato de a totalidade de sua lei de direito à informação fazer parte da Constituição do país", MENDEL, Toby. *Liberdade de informação: um estudo de direito comparado*. Tradução Marsel N. G. de Souza. 2. ed. Brasília: Unesco, 2009. p. 109. Fonte: http://www.acessoainformacao.gov.br/central-de-conteudo/publicacoes/arquivos/liberdade-informacao-estudo-direito-comparado-unesco.pdf. Acesso em: 5 out. 2019.

[64] Confúcio nasceu na China em 551 a.C. e foi funcionário público dos 32 aos 56 anos, tendo ocupado vários cargos, inclusive o de Ministro do Crime do duque Ding. Em razão dos excessos do duque, ambos brigaram e Confúcio partiu da Corte perambulando por 12 anos. Pertence a esse filósofo a regra de ouro "não faça aos outros o que não quer que façam a você". Além disso, ressaltava a importância sobre a sabedoria universal decorrente de anos de trabalho duro e reflexão. Listava a compaixão (*ren*), a adequação dos rituais (*li*), a justiça (*yi*), o conhecimento (*zhi*) e a integridade (*xin*), como as chamadas "cinco virtudes constantes" (*Grandes pensadores*. Organização *The school of life*. Tradução Beatriz Medina Rio de Janeiro: Sextante, 2018. p. 155.).

[65] ACKERMAN, John M.; SANDOVAL-BALLESTEROS, Irma E. The global explosion of freedon of information laws. *Administrative Law Reviews*, v. 58, n. 1, p. 88, 2006.

O Capítulo 2, cujo título é *On the public nature of official documents* (Sobre a natureza pública dos documentos oficiais), assegura a todos os cidadãos suecos o livre acesso a documentos oficiais, independentemente do pagamento de qualquer quantia, e incentiva a livre troca de informações.

O conceito de documento oficial decorre da pessoa (*ratione personae*), ou seja, considera-se assim aquele registro recebido por uma autoridade pública ou que está nas mãos de um funcionário que detenha competência. A abrangência do conceito, por sua vez, inclui textos, imagens, sons, filmes, arquivos legíveis por computador ou qualquer outra informação, e o solicitante não precisa revelar seu nome, endereço ou o motivo.

Não são considerados documentos oficiais: cartas, telegramas ou outros documentos entregues ou elaborados por uma autoridade pública unicamente para fins de encaminhamento de uma comunicação; avisos ou outros documentos entregues ou elaborados por uma autoridade pública somente com o propósito de publicação em periódico; ou ainda material impresso, gravações de som ou imagens e outros documentos que fazem parte de uma biblioteca e foram depositados por um particular tão só para fins de cuidados e guarda.

Também não são considerados documentos oficiais cartas particulares, materiais escritos ou gravações transferidas de outra forma a uma autoridade pública exclusivamente para os desígnios suprarreferidos.

Portanto, verifica-se que a legislação não somente assegura o acesso a documentos oficiais, mas também o conceitua de maneira a evitar discussões, ao passo que a legislação brasileira é omissa sobre o assunto ao não definir o conteúdo do conceito de documento oficial.

Desde 1766, a lei foi completamente renovada, mas seu objetivo inicial de abolir a censura política de documentos públicos e garantir o direito de todos publicarem documentos escritos remanesce.

> O direito de acesso só pode ser restringido nas seguintes hipóteses:
> 1. para a segurança do Reino ou suas relações com outro Estado ou organização internacional;
> 2. no tocante à política fiscal central, monetária ou monetária do Reino;
> 3. com relação à inspeção, controle ou outras atividades de supervisão de uma autoridade pública;
> 4. quando houver interesse de prevenir ou processar um crime;
> 5. para resguardar o interesse econômico das instituições públicas;

6. visando a proteção das circunstâncias pessoais ou econômicas de sujeitos privados;
7. para preservar espécies animais ou vegetais.

As exceções elencadas devem ser apresentadas em um ato administrativo especial, ou em outro ato legal.

Os procedimentos de análise das exceções à regra estão previstos na Lei de Publicidade e Segredo de 2009, que detalha o que as agências do governo podem manter secretas, qual tipo de documento, sob quais circunstâncias e quem será o responsável por resguardar o sigilo, assim como o prazo.

Caso o cidadão não fique satisfeito com a decisão do governo de não divulgar as informações solicitadas, poderá reclamar ainda ao *ombudsman* parlamentar (*Justitieombudsmännen*), que dará seu veredicto sobre o assunto. Tanto as queixas quanto os veredictos são considerados documentos públicos e, portanto, passíveis de acesso.

Para fins de controle externo, o Tribunal de Contas da União possui uma interpretação adequada em relação ao conceito de documentos oficiais, pois sua Resolução n.º 249, de 2 de maio de 2012, traz um rol significativo que abordaremos na seção 1.4.2.

A única observação é que ao menos internamente, o TCU arquiva apenas os processos e documentos da área de controle externo ou administrativa (Manuais, Técnicas, Padrões e Orientações Nota técnica Representação interna para a edição de atos normativos pelo TCU Portarias, memorandos e ordens de serviço Relatórios de atividades)[66], por intermédio do Serviço de Gestão de Biblioteca e Arquivo (SGBA)[67], o que pode inviabilizar algumas solicitações de documentos dependendo do tempo transcorrido.

Para fins de controle social e jurisdicional, o Manual da Presidência da República[68] do Brasil permite a interpretação de que se consideram documentos oficiais brasileiros aqueles que tramitem no Sistema de

[66] Portaria SEGECEX nº 28, de 7 de dezembro de 2010. Fonte: https://portal.tcu.gov.br/lumis/portal/file/fileDownload.jsp?fileId=8A8182A259BDCCBE0159CD254D3F497B. Acesso em 07 de mar. de 2019.

[67] https://portal.tcu.gov.br/instituto-serzedello-correa/informacao/

[68] Fonte: http://www4.planalto.gov.br/centrodeestudos/assuntos/manual-de-redacao-da-presidencia-da-republica/manual-de-redacao.pdf. Acesso em 17 de mar. de 2023.

Geração e Tramitação de Documentos Oficiais (Sidof), ferramenta eletrônica utilizada para a elaboração, a redação, a alteração, o controle, a tramitação, a administração e a gerência das exposições de motivos com as propostas de atos a serem encaminhadas pelos Ministérios à Presidência da República.

Desta forma, constata-se a necessidade de se aperfeiçoar não somente o acesso aos documentos no Executivo, mas também a Lei de Acesso à Informação e seu Decreto Regulamentador nº 7.724/2012, de maneira a melhor delimitar o que se entende por informação, dados processados e documentos oficiais, porquanto os atuais conceitos[69] não permitem o adequado controle externo, e tampouco o social e o jurisdicional, na medida em que não se sabe exatamente quais documentos e formatos existem, impedindo a correta identificação do que deve ser disponibilizado e quais podem ser solicitados.

1.2. Influência da lei de acesso à informação – Estados Unidos da América

No Direito norte-americano, em 1946, os Estados Unidos adotaram sua Lei de Procedimentos Administrativos (*Administrative Procedure Act*), que concedeu ao público o direito de consulta prévia a qualquer edição de regulamentos executivos.

No ano de 1966, mas com entrada em vigor a partir de 5 de julho de 1967, adotaram a Lei da Liberdade de Informação (*Freedom of Information Act*), que regula o direito de acesso à informação pública.

E em 1976 lançaram o *Government in the Sunshine Act*, cujo teor estipula que as reuniões dos órgãos públicos devem ser abertas.

O *Administrative Procedure Act* disciplinou que cada agência deve disponibilizar ao público as seguintes informações: (i) descrições de sua organização e os locais e funcionários pelos quais o público pode obter

[69] Art. 3º Para os efeitos deste Decreto, considera-se:
I – informação – dados, processados ou não, que podem ser utilizados para produção e transmissão de conhecimento, contidos em qualquer meio, suporte ou formato;
II – dados processados – dados submetidos a qualquer operação ou tratamento por meio de processamento eletrônico ou por meio automatizado com o emprego de tecnologia da informação;
III – documento – unidade de registro de informações, qualquer que seja o suporte ou formato;

informações e métodos, fazer envios ou solicitações, ou lograr decisões; (ii) instruções do curso geral e método pelo qual suas funções são exercidas, incluindo a natureza e os requisitos de todos os procedimentos formais e informais disponíveis; (iii) regras de procedimento, descrições dos formulários acessível ou dos locais em que os formulários podem ser obtidos e instruções sobre o escopo e o conteúdo de todos os trabalhos, relatórios ou exames; (iv) regras substantivas de caráter geral, declarações de política geral, interpretações de aplicabilidade geral formuladas e adotadas pela agência; (v) cada emenda, revisão ou revogação do exposto *supra*; (vi) opiniões finais, incluindo as concordantes e divergentes, bem como ordens relacionadas aos casos; (vii) declarações de política e interpretações adotadas pela agência e não publicadas no Registro Federal; (viii) manuais e instruções da equipe administrativa que possam afetar os cidadãos; (ix) cópias de todos os registros, independentemente da forma ou formato, que tenham sido divulgados a qualquer pessoa e que, devido à natureza de seu objeto, a agência repute provável haver solicitações similares; e (x) um índice geral desses registros.

O *Freedom of Information Act* manteve esses dispositivos e acresceu outros relacionados à classificação de informações e sigilos, e o *Government in the Sunshine Act* categorizou informações passíveis de ser mantidas em segredo, o que demonstra ser a Lei de Acesso à Informação nacional uma junção dessa evolução do Direito norte-americano.

No âmbito do Direito Administrativo europeu, podemos dizer que essa concepção se consagrou pela *Teoria da Administração Pública Aberta*, introduzida pelo artigo 1.º do Tratado da União Europeia[70], mas também de influência norte-americana[71], que ampliou aos cidadãos a participação no processo decisório, além de permitir a obtenção de todas as informações

[70] "Pelo presente Tratado, as Altas Partes Contratantes instituem entre si uma União Europeia, adiante designada por União, à qual os Estados-Membros atribuem competências para atingirem os seus objetivos comuns. O presente Tratado assinala uma nova etapa no processo de criação de uma união cada vez mais estreita entre os povos da Europa, *em que as decisões serão tomadas de uma forma tão aberta quanto possível e ao nível mais próximo possível dos cidadãos*". (Disponível em: https://eur-lex.europa.eu/resource.html?uri=cellar:2bf140bf-a3f8-4ab2-b506-fd71826e6da6.0022.02/DOC_1&format=PDF. Acesso em: 10 out. 2019).

[71] STRAUSS, Peter. L. *Administrative Justice in the United States*. North Carolina: Carolina Academic Press Durham, 2016. p. 383-400.

do Estado, e que, para alguns autores como *Bojan Bugaric*[72], é mais abrangente do que a própria concepção de transparência, pois engloba acesso às informações, participação nos processos de regulação e Análise de Impacto Regulatório.

Podemos concluir nesse ponto que, a despeito das diferenças entre o *civil law* e o *common law*, especialmente pelo primeiro ter demorado a reconhecer o Direito Administrativo e paradoxalmente criado mecanismos semelhantes, como as agências reguladoras com funções quase legislativas (porque podem editar normas com força de lei para os cidadãos) e quase judiciais (porque têm o poder de resolver os conflitos na esfera administrativa)[73], ambos convergiram para a transparência enquanto corolário de uma Administração aberta e democrática.

E mais recentemente a Lei nº 13.848/2019 ampliou a transparência das Agências Reguladoras no processo decisório para a edição de atos normativos, principalmente ao exigir que as reuniões sejam públicas e gravadas, as pautas das reuniões de caráter deliberativo sejam divulgadas no sítio eletrônico da agência com antecedência mínima de 3 (três) dias úteis e também ao proibir a inclusão de temas em caráter extraordinário no dia da sessão deliberativa.

Ainda nesta senda, passa a ser obrigatório às agências reguladoras elaborar, para cada período quadrienal, plano estratégico que conterá os objetivos, as metas e os resultados estratégicos esperados das ações relativas à sua gestão e a suas competências regulatórias, fiscalizatórias e normativas, bem como a indicação dos fatores externos alheios ao controle da agência que poderão afetar significativamente o cumprimento do plano, devendo, no prazo máximo de 10 (dez) dias úteis, contado da aprovação do plano estratégico pelo conselho diretor ou pela diretoria colegiada, disponibilizá-lo-á no respectivo sítio eletrônico.

Por fim, as agências reguladoras devem deliberar, aprovar e divulgar o plano de gestão anual, que deverá especificar, no mínimo, as metas de desempenho administrativo e operacional e as metas de fiscalização a

[72] BUGARIC, Bujan. Openness and transparency in public administration: challenges for public law. Fonte: http://hosted.law.wisc.edu/wordpress/wilj/files/2012/02/bugaric.pdf. Acesso em: 10 out. 2019.

[73] DI PIETRO, Maria Sylvia Zanella. Inovações no direito administrativo brasileiro. *Revista Trimestral de Direito Público*, São Paulo v. 51/52, p. 12-25, 2009.

serem atingidas durante sua vigência, as quais deverão ser compatíveis com o plano estratégico e, ainda, divulgar sua agenda regulatória, isto é, instrumento de planejamento da atividade normativa que conterá o conjunto dos temas prioritários a serem regulamentados.

Em comparação às agências reguladoras, o TCU possui em seu planejamento institucional um método de seleção de objetos para ações de controle envolvendo quatro etapas sequenciais e complementares: conhecimento do universo de controle; seleção de situações-problema; seleção de objetos de controle; e proposição de linhas de ação e de ações de controle, e foi estruturado de forma a se alinhar às boas práticas internacionais e ao ciclo de planejamento interno do Tribunal[74].

Ademais, foi organizado com o intuito de direcionar as ações de controle externo para temas relacionados às principais situações-problema que afetam a administração pública e a sociedade brasileira.

Entretanto, o próprio TCU reconhece que o método de seleção também foi concebido para sua flexibilização de forma que: a) seja útil às diferentes unidades técnicas, independentemente da forma como organizam e segmentam o universo de controle sob sua responsabilidade; b) possa ser customizado para aproveitar o grau de estruturação dos dados utilizados pela unidade técnica; e c) possa ser aperfeiçoado em decorrência de mudanças na disponibilidade de dados ou de novas soluções tecnológicas.

Destarte, a transparência na forma de conduzir o controle externo se apresenta um tanto quanto casuística e carente de motivações na linha do que preconizam as suas próprias orientações, porquanto não foram localizadas explicações aptas a permitir, por exemplo, que o TCU responsabilizasse os envolvidos nos atos do 08 de janeiro, considerando informações disponibilizadas em sua conta no *Instagram* que assim dizia: "O Tribunal de Contas da União (TCU) tem contribuído com a responsabilização dos grupos que idealizaram, financiaram ou executaram os atos de violência contra o patrimônio público. Para isso, depois de concluir o levantamento dos prejuízos, será aberta uma tomada de contas especial (TCE) para que os envolvidos indenizem a União".

[74] Brasil. Tribunal de Contas da União. *Orientações para Seleção de Objetos e Ações de Controle/ Tribunal de Contas da União.* Brasília: TCU, Segecex, Secretaria de Métodos e Suporte ao Controle Externo (Semec), 2016.

1.3. O conteúdo jurídico da transparência

Do quanto já exposto, podemos dessumir que em razão da democracia ser o fundamento da transparência, o ponto de partida é a liberdade de pensamento, considerada como liberdade primária[75], pois permite ao indivíduo pensar e dizer o que reputa verdadeiro.

A liberdade de pensamento tem forma pelo exercício das liberdades de comunicação, religião, expressão intelectual, artística, científica, cultural, além da transmissão e recepção do conhecimento.

Considerando haver plena liberdade na difusão de informações, passa a existir como consequência o direito a ter conhecimento das informações, reconhecido inclusive pelo artigo 19 da Declaração Universal dos Direitos Humanos[76], cujo teor dispõe que todo ser humano tem direito à liberdade de opinião e expressão, inclusive procurar, receber e transmitir informações e ideias por quaisquer meios.

No mesmo diapasão é a redação do artigo 13 do Pacto de São José da Costa Rica, ao assegurar a toda pessoa o direito à liberdade de pensamento e de expressão, incluindo a liberdade de procurar, receber e difundir informações e ideias de qualquer natureza, mas condicionado a responsabilidades ulteriores, que devem ser expressamente previstas em lei e que se façam necessárias para garantir o respeito aos direitos e à reputação das demais pessoas.

Esse direito abrange inclusive o acesso gratuito e universal pela internet, algo que no Brasil ainda não suscita grandes discussões até o presente momento, consideradas as outras prioridades mais urgentes, como o saneamento básico, mas que desde 2016 é reconhecido pela ONU como um direito fundamental, e em países como a Alemanha já foi declarado inclusive judicialmente (*Federal Court of Justice* e *Bundesgerichtshof*[77]) no mesmo sentido.

[75] SILVA, José Afonso da. *Curso de direito constitucional positivo*. 40. ed. São Paulo: Malheiros, 2017. p. 243.

[76] "O direito de petição para fins de transparência e informação já havia sido previsto no artigo 15 da Declaração dos Direitos do Homem e do Cidadão de 1789: 'a sociedade tem o direito de pedir contas a todo agente público pela sua administração'". SALGADO, Eneida Desiree; VIOLIN, Tarso Cabral. *Transparência e acesso à informação: o caminho para a garantia da ética na administração pública*, cit., p. 271-294.

[77] Disponível em: https://www.dw.com/en/internet-access-declared-a-basic-right-in-germany/a-16553916. Acesso em: 7 jun. 2019.

A partir dessas diretrizes internacionais, a Carta Magna consagrou a liberdade de pensamento e de expressão (artigos 5.º, IV e IX, e 220), o direito à informação (artigos 5.º, XIV, e 220) e o direito de acessar informações públicas (artigos 37, § 3.º, I e II, e 216, § 2.º).

Podemos dizer que estão compreendidos nesses direitos o acesso a documentos administrativos e a proteção do alerta ético (*whistleblower*), que ainda carece de maiores aperfeiçoamentos no Brasil[78], mas em França

[78] No Brasil, a Lei n.º 13.608/2018, alterada pela Lei nº 13.964/2019 foi um dos primeiros passos para a criação do instituto ao autorizar em seu artigo 4.º aos entes políticos o estabelecimento de formas de recompensa pelo oferecimento de informações que sejam úteis para a prevenção, a repressão ou a apuração de ilícitos administrativos ou crimes mediante pagamento de valores em espécie.
Art. 4º A União, os Estados, o Distrito Federal e os Municípios, no âmbito de suas competências, poderão estabelecer formas de recompensa pelo oferecimento de informações que sejam úteis para a prevenção, a repressão ou a apuração de crimes ou ilícitos administrativos.
Parágrafo único. Entre as recompensas a serem estabelecidas, poderá ser instituído o pagamento de valores em espécie.
Art. 4º-A. A União, os Estados, o Distrito Federal e os Municípios e suas autarquias e fundações, empresas públicas e sociedades de economia mista manterão unidade de ouvidoria ou correição, para assegurar a qualquer pessoa o direito de relatar informações sobre crimes contra a administração pública, ilícitos administrativos ou quaisquer ações ou omissões lesivas ao interesse público.
Parágrafo único. Considerado razoável o relato pela unidade de ouvidoria ou correição e procedido o encaminhamento para apuração, ao informante serão asseguradas proteção integral contra retaliações e isenção de responsabilização civil ou penal em relação ao relato, exceto se o informante tiver apresentado, de modo consciente, informações ou provas falsas.
Art. 4º-B. O informante terá direito à preservação de sua identidade, a qual apenas será revelada em caso de relevante interesse público ou interesse concreto para a apuração dos fatos.
Parágrafo único. A revelação da identidade somente será efetivada mediante comunicação prévia ao informante e com sua concordância formal.
Art. 4º-C. Além das medidas de proteção previstas na Lei nº 9.807, de 13 de julho de 1999, será assegurada ao informante proteção contra ações ou omissões praticadas em retaliação ao exercício do direito de relatar, tais como demissão arbitrária, alteração injustificada de funções ou atribuições, imposição de sanções, de prejuízos remuneratórios ou materiais de qualquer espécie, retirada de benefícios, diretos ou indiretos, ou negativa de fornecimento de referências profissionais positivas.
§ 1º A prática de ações ou omissões de retaliação ao informante configurará falta disciplinar grave e sujeitará o agente à demissão a bem do serviço público.

e nos Estados Unidos da América já é uma realidade avançada, tutelando contra retaliações inclusive os familiares dos denunciantes.

Le droit d'alerter[79] é uma diretriz do Conselho Europeu, a partir da jurisprudência da Corte Europeia dos Direitos Humanos, que impõe um quadro de favorecimento e encorajamento da revelação de informações relacionadas a práticas ilegais, ilegítimas ou imorais no âmbito organizacional.

Trata-se de uma figura originariamente do Direito norte-americano (*whistleblower*), criada para auxiliar o Estado na luta contra as fraudes no sistema financeiro, em contrapartida de uma remuneração, mas atualmente se tornou um programa de proteção aos denunciantes[80] que informam violações da lei em várias áreas como saúde, segurança, transportes aéreos, produtos de consumo, produtos e serviços relacionados ao meio ambiente, alimentos, ferrovias, valores mobiliários, entre outros.

§ 2º O informante será ressarcido em dobro por eventuais danos materiais causados por ações ou omissões praticadas em retaliação, sem prejuízo de danos morais.
§ 3º Quando as informações disponibilizadas resultarem em recuperação de produto de crime contra a administração pública, poderá ser fixada recompensa em favor do informante em até 5% (cinco por cento) do valor recuperado.

[79] Lei n.º 1.691/2016:
"Artigo 6.º Um denunciante é uma pessoa singular que divulga ou denuncia, desinteressadamente e de boa-fé, um crime ou delito, uma violação grave e manifesta de um compromisso internacional devidamente ratificado ou aprovado pela França, um ato unilateral de uma organização internacional tomado com base nesse compromisso, nas leis ou em regulamentos, ou uma ameaça ou um prejuízo grave ao interesse geral, de que tenha conhecimento pessoalmente.
Os factos, informações ou documentos, independentemente da sua forma ou suporte, abrangidos pelo segredo de defesa nacional, pela confidencialidade médica ou pelo sigilo das relações entre um advogado e o seu cliente, são excluídos do sistema de alerta definido pelo este capítulo.
Artigo 7.º O Capítulo II do Título II do Livro I do Código Penal é complementado pelo Artigo 122-9 da seguinte forma:
Art. 122-9. A pessoa que infringe um segredo protegido por lei não é criminalmente responsável, desde que tal divulgação seja necessária e proporcional à salvaguarda dos interesses em questão, e que esteja em conformidade com os procedimentos de notificação definidos pela lei e que a pessoa preenche os critérios para a definição do denunciante previsto no artigo 6.º da Lei n.º 2016-1691, de 9 de dezembro de 2016, sobre a transparência, a luta contra a corrupção e a modernização da vida econômica".

[80] Fonte: https://www.whistleblowers.gov/about-us. Acesso em: 6 jun. 2019.

Por conseguinte, podemos concluir que a transparência abarca três hipóteses: (i) o direito de transmitir informação; (ii) o direito de conhecer e obter informações; e (iii) acessar os arquivos.

A transparência no domínio específico da Administração e da gestão é um mandamento, ou seja, é uma determinação, porém, no tocante à forma, é um conceito jurídico indeterminado[81], com variação em seu conteúdo de acordo com cada país.

Tanto é assim que na Alemanha, de acordo com José Martínez Soria[82], a cultura da confidencialidade dos arquivos públicos é considerada um princípio fundamental, a despeito da existência de uma Lei Federal sobre transparência desde 5 de setembro de 2005.

Jean-François Kerléo[83] aduz que a transparência para a Corte Europeia de Direitos Humanos decorre do contraditório e da ampla defesa como instrumento de garantia da aplicação da justiça, na medida em que permite às partes ter ciência das afirmações contidas no processo e inclusive se manifestar acerca[84].

[81] Para Eros Roberto Grau, a indeterminação não é dos conceitos jurídicos (ideias universais), mas de suas expressões (termos), pois, se é indeterminado o conceito, não é conceito. Daí sua insistência em aludir a *termos indeterminados de conceitos. Ensaio e discurso sobre a interpretação e aplicação do direito.* 4. ed. São Paulo: Malheiros, 2006. p. 238.

[82] SORIA, José Martínez. El aceso a la información pública según la ley alemana sobre la libertad de información (informationsfreiheitsgesetz). *In:* MACHO, Ricardo García (ed.). *Derecho administrativo de la información y administración transparente.* Madrid: Marcial Pons, 2010. p. 181-201.

[83] KERLEO, Jean-François. *La transparence em droit: recherche sur la formation juridique d´une culture juridique.* Paris: Éditions mare & martin. 2015. pp. 615-616.

[84] ARTIGO 6º Direito a um processo equitativo:

1. Qualquer pessoa tem direito a que a sua causa seja examinada, equitativa e publicamente, num prazo razoável por um tribunal independente e imparcial, estabelecido pela lei, o qual decidirá, quer sobre a determinação dos seus direitos e obrigações de carácter civil, quer sobre o fundamento de qualquer acusação em matéria penal dirigida contra ela.
2. O julgamento deve ser público, mas o acesso à sala de audiências pode ser proibido à imprensa ou ao público durante a totalidade ou parte do processo, quando a bem da moralidade, da ordem pública ou da segurança nacional numa sociedade democrática, quando os interesses de menores ou a protecção da vida privada das partes no processo o exigirem, ou, na medida julgada estritamente necessária pelo tribunal, quando, em circunstâncias especiais, a publicidade pudesse ser prejudicial para os interesses da justiça.
3. Qualquer pessoa acusada de uma infracção presume-se inocente enquanto a sua culpabilidade não tiver sido legalmente provada.

Portanto, traçando um paralelo com o Brasil podemos entender que não somente a democracia, mas também o *substancial due process of law* ou devido processo legal em sentido material previsto no inciso LIV da CF pode justificar a exigência de transparência e a devida motivação nos atos administrativos.

Em razão do vocábulo transparência ser um conceito jurídico indeterminado, é importante resgatarmos que os debates sobre este último tema surgiram na Áustria, no século XIX, com o intuito de analisar se eram ou não suscetíveis de controle pelos tribunais administrativos[85], conforme escólio de Luis Manuel da Fonseca Pires[86], que apresenta toda a divergência doutrinária na Europa sobre o tema.

Por se tratar de um conceito fluido quanto à forma, a transparência permite ao Administrador certa margem de discricionariedade[87] sobre como os atos devem ser apresentados ao controle externo e social.

Parafraseando Otto Mayer, que construiu sua teoria da discricionariedade na oposição entre decisão e disposição, sendo a decisão o que deve ser o direito e a disposição a vontade do Estado na criação, a transparência

4. O acusado tem, como mínimo, os seguintes direitos:

a) Ser informado no mais curto prazo, em língua que entenda e de forma minuciosa, da natureza e da causa da acusação contra ele formulada;

b) Dispor do tempo e dos meios necessários para a preparação da sua defesa;

c) Defender-se a si próprio ou ter a assistência de um defensor da sua escolha e, se não tiver meios para remunerar um defensor, poder ser assistido gratuitamente por um defensor oficioso, quando os interesses da justiça o exigirem;

d) Interrogar ou fazer interrogar as testemunhas de acusação e obter a convocação e o interrogatório das testemunhas de defesa nas mesmas condições que as testemunhas de acusação;

e) Fazer-se assistir gratuitamente por intérprete, se não compreender ou não falar a língua usada no processo.

[85] SOUSA, António Francisco de. *Conceitos indeterminados no direito administrativo*. Coimbra: Almedina, 1994. p. 34.

[86] PIRES, Luis Manuel da Fonseca. *Controle judicial da discricionariedade administrativa*: dos conceitos jurídicos indeterminados às políticas públicas. 2. ed. Belo Horizonte: Fórum, 2013. p. 67-122.

[87] Para Dinorá Grotti, os conceitos jurídicos indeterminados podem ou não admitir discricionariedade de acordo com o caso Concreto. *Conceitos juridicos indeterminados e discricionariedade administrativa cit.*

deve ser exercida pelos entes políticos, mas a forma como isso deve ocorrer é aberta[88].

A única ressalva em que há o exercício da competência vinculada consta do artigo 8.º, § 1.º, da Lei n.º 12.527/2011, cujo teor elenca um rol mínimo de conteúdo dos portais da transparência, como o registro das competências, estrutura organizacional, endereços e telefones das respectivas unidades e horários de atendimento ao público; registros de quaisquer repasses ou transferências de recursos financeiros; registros das despesas; informações concernentes a procedimentos licitatórios, incluindo os respectivos editais e resultados e contratos celebrados; os dados gerais para o acompanhamento de programas, ações, projetos e obras de órgãos e entidades; e respostas a perguntas mais frequentes da sociedade.

No restante, quando a lei impõe ao Estado o dever de garantir o acesso à informação mediante procedimentos objetivos e ágeis, de forma clara e em linguagem de fácil compreensão, dá margem ao exercício da competência discricionária[89], pois não delimita a forma, e aqui reside o problema da atualidade. É o que denominamos de transparência procedimental.

[88] Idem, ibidem.

[89] O C. Supremo Tribunal Federal já decidiu que a publicidade e o acesso à informação não podem ser restringidos por atos de natureza discricionária, salvo quando justificados, em casos excepcionais, para a defesa da honra, da imagem e da intimidade de terceiros ou quando a medida for essencial para a proteção do interesse público:
Recurso em mandado de segurança. Superior Tribunal Militar. Cópia de processos e dos áudios de sessões. Fonte histórica para obra literária. Âmbito de proteção do direito à informação (art. 5.º, XIV, da Constituição Federal).
1. Não se cogita da violação de direitos previstos no Estatuto da Ordem dos Advogados do Brasil (art. 7.º, XIII, XIV e XV, da Lei 8.906/96), uma vez que os impetrantes não requisitaram acesso às fontes documentais e fonográficas no exercício da função advocatícia, mas como pesquisadores.
2. *A publicidade e o direito à informação não podem ser restringidos com base em atos de natureza discricionária, salvo quando justificados, em casos excepcionais, para a defesa da honra, da imagem e da intimidade de terceiros ou quando a medida for essencial para a proteção do interesse público.*
3. A coleta de dados históricos a partir de documentos públicos e registros fonográficos, mesmo que para fins particulares, constitui-se em motivação legítima a garantir o acesso a tais informações.
4. No caso, tratava-se da busca por fontes a subsidiar elaboração de livro (em homenagem a advogados defensores de acusados de crimes políticos durante determinada época) a partir dos registros documentais e fonográficos de sessões de julgamento público.

Não é suficiente a mera disponibilização de um acumulado de informações sem o mínimo de racionalidade[90] para atingir o desiderato de informar. Como o Tribunal de Contas da União observa a Lei de Acesso à Informação e qual sua leitura sobre o conteúdo jurídico da transparência? Para o atingimento desse propósito, discorreremos sobre os aspectos subjetivo, objetivo, formal, material e temporal[91] da transparência.

Atualmente existem inúmeras leis nos EUA disciplinando o instituto do *whistleblower.*

O *False Claims Act* atribui, alternativamente, ao Departamento de Justiça e a qualquer particular quando do conhecimento de uma irregularidade, a legitimação extraordinária para propor ações judiciais.

Essa ação proposta pelo particular é denominada pela lei de *qui tam action*. Seu nome é uma abreviatura da frase em latim *qui tam pro domino rege quam pro se ipso em hac parte sequitur*, que significa "aquele que processa em favor do rei, mas também por si próprio".

Caso o governo intervenha na ação *qui tam* e constate a irregularidade (contrato público fraudado, por exemplo), o autor da ação terá direito a receber entre 15% a 25% do valor recuperado pelo governo. Se o governo se recusa a intervir na ação, e o Tribunal constata a irregularidade, a recompensa do autor da ação é aumentada para 25% a 30%, dependendo do caso.

Há na lei também a previsão do chamado *reverse false claims (*falsas declarações reversas), que se aplica a casos em que um transgressor impediu o governo de cobrar o que era devido. Um exemplo seriam as violações alfandegárias nas importações que chegam aos EUA. Ao fazer uma declaração falsa em um reporte alfandegário ou subavaliar e classificar erroneamente os bens, a entidade impediu o governo de receber a compensação adequada. Vários denunciantes entraram com processos

5. Não configuração de situação excepcional a limitar a incidência da publicidade dos documentos públicos (arts. 23 e 24 da Lei 8.159/91) e do direito à informação. Recurso ordinário provido (Recurso Ordinário em Mandado de Segurança n.º 23036, 2.ª Turma, Rel. Min. Nelson Jobim, j. 28.03.2006, *DJ* 25.08.2006).

[90] Decreto-lei n.º 200/1967: "Artigo. 14. O trabalho administrativo será *racionalizado* mediante simplificação de processos e supressão de controles que se evidenciarem como puramente formais ou cujo custo seja evidentemente superior ao risco".

[91] CANHADAS, Fernando Augusto Martins. *O direito de acesso à informação pública*: o princípio da transparência administrativa. Curitiba: Appris, 2018.

bem-sucedidos com fundamento no *False Claims Act* expondo violações de leis alfandegárias e de importação.

Desde que o *False Claims Act* entrou em vigor, se tornou o ato antifraude de maior sucesso nos Estados Unidos. De acordo com o *Department of Justice*, apenas em 2019, foram recuperados mais de US$ 3,7 bilhões em acordos e julgamentos, que vão desde casos envolvendo propinas pagas a profissionais de saúde para estimular a venda de determinados medicamentos, a condutas anticompetitivas na comercialização de combustíveis, e US$ 2,1 bilhões disso são atribuídos a casos iniciados por denunciantes, o que demonstra ser um instrumento essencial de acesso e divulgação de informações sobre casos de fraude.

Além disso, desde 1986, quando o Congresso fortaleceu substancialmente o *False Claims Act* com as *qui tam actions*, os ressarcimentos totalizaram mais de US$ 62 bilhões, o que demonstra a importância da recompensar o denunciante para fins de estímulo no combate à corrupção[92].

Dentre outros regimes jurídicos de proteção dos reportantes, podemos exemplificar o *Lacey Act*, que foi promulgado em 1900, e, visando combater a caça excessiva de aves, tornou crime federal importar, exportar, transportar, vender, receber, adquirir ou comprar em comércio interestadual ou estrangeiro qualquer vida selvagem tomada em violação à lei ou regulamento dos Estados, ou ainda, à lei estrangeira.

De acordo com o *Lacey Act*, também é ilegal rotular erroneamente carregamentos de animais selvagens, trazer espécies prejudiciais para o país e importar animais selvagens vivos em condições desumanas. Com o passar do tempo, foram incluídas outras espécies selvagens e até plantas, madeiras e produtos vegetais.

O *Lacey Act* autoriza os Departamentos do Interior, Comércio, Tesouro e Agricultura a recompensar financeiramente as pessoas que divulgam informações sobre crimes contra a vida selvagem. Tanto os cidadãos americanos quanto os não-cidadãos podem ser denunciantes e receber recompensas. O *Lacey Act* não dispõe sobre porcentagens mínimas ou máximas das recompensas a serem pagas aos denunciantes, que podem ocorrer tanto em relação às penalidades civis quanto as criminais.

[92] Fonte: https://www.justice.gov/opa/pr/justice-department-recovers-over-3-billion-false-claims-act-cases-fiscal-year-2019. Acesso em 07 nov. 2020.

Recentemente, o *Lacey Act* também desempenhou um papel importante na operação Crash: a investigação do Serviço de Pesca e Vida Selvagem dos Estados Unidos e do Departamento de Justiça sobre o comércio de chifre de rinoceronte e marfim de elefante que resultou em 38 condenações, mais de US$ 2 milhões em multas, e quase US$ 8 milhões em confiscos e restituições[93].

Também é digno de nota mencionar o *Dodd-Frank Act*, aprovado em 2010, na esteira da crise financeira de 2008, quem tem o objetivo de promover a estabilidade financeira e ampliar a transparência, por intermédio da criação de dois programas de denúncias, sendo um na *Securities and Exchange Commission* (*SEC*) e outro na *Commodities Futures Trading Commission* (*CFTC*), de forma a assegurar que denunciantes, inclusive estrangeiros, tenham seu anonimato garantido e recebam recompensas quando reportarem irregularidades na comercialização de títulos e *commodities.*

Basicamente a lei tem por escopo regulamentar o sistema financeiro por intermédio de programas aptos a impedir que instituições hipotecárias e credores tirem proveito dos consumidores, na medida em que a falta de supervisão e regulamentação das instituições financeiras permitiu que taxas ocultas fossem cobradas e empréstimos fossem concedidos a consumidores não qualificados.

É necessário que a reclamação do denunciante contenha informações que não sejam conhecidas pela *Securities and Exchange Commission* (*SEC*) ou pela *Commodities Futures Trading Commission* (*CFTC*) e não decorram de um tema já apresentado em outras esferas judiciais ou administrativas. Caso uma das entidades confirmem a veracidade da informação, o denunciante terá direito a uma recompensa financeira variável entre 10% a 30% de qualquer recuperação[94].

[93] https://www.justice.gov/sites/default/files/press-releases/attachments/2014/10/23/operation_crash_summary_october_2014.pdf. Acesso em 06 dez. 2020

[94] IN GENERAL.—In any covered judicial or administrative action, or related action, the Commission, under regulations prescribed by the Commission and subject to subsection (c), shall pay an award or awards to 1 or more whistleblowers who voluntarily provided original information to the Commission that led to the successful enforcement of the covered judicial or administrative action, or related action, in an aggregate amount equal to— H. R. 4173-366 "(A) not less than 10 percent, in total, of what has been collected of the monetary sanctions imposed in the action or related actions; and "(B) not more than 30 percent, in

A determinação do valor pago a título de recompensa leva em consideração: (i) a importância das informações fornecidas pelo denunciante para o sucesso das providências por parte da *SEC* ou da *CFTC*; (ii) o grau de assistência fornecida pelo denunciante e qualquer representante legal do denunciante; (iii) e, outros fatores adicionais relevantes que podem ser regulamentados por ambas as instituições.

O *Dodd-Frank Act* não prevê um direito de ação (cláusula *qui tam*) e, portanto, o denunciante não pode entrar com seu próprio processo contra a empresa, mas deve contar com a *SEC* ou a *CFTC* para investigar. A retaliação de empregadores contra funcionários por denúncias também é proibida, o que enseja a permissão aos demitidos ou punidos de discutir judicialmente eventuais atos que lhes sejam prejudiciais.

Nenhuma recompensa será paga ao denunciante que obteve as informações apresentadas à Comissão em razão de denúncias já informadas a uma agência reguladora, ao Departamento de Justiça, a uma entidade registrada, ou ainda por intermédio de outros denunciantes já condenados pelas regras do Dodd-Frank Act, ou em razão de informações subjacentes a reporte já apresentado por outro denunciante[95].

Os pontos em comum na gênese dos diplomas legislativos são as crises que levaram a abusos e atos de corrupção, gerando um consenso acerca da dificuldade tanto em termos orçamentários e de pessoal para fiscalizar todos os procedimentos. E dessa realidade adveio a importância

total, of what has been collected of the monetary sanctions imposed in the action or related actions. "(2) PAYMENT OF AWARDS. — Any amount paid under paragraph (1) shall be paid from the Fund. Fonte: https://www.cftc.gov/sites/default/files/idc/groups/public/@swaps/documents/file/hr4173_enrolledbill.pdf Acesso em: 16 dez. 2020.

[95] DENIAL OF AWARD. — No award under subsection (b) shall be made — "(A) to any whistleblower who is, or was at the time the whistleblower acquired the original information submitted to the Commission, a member, officer, or employee of — "(i) a appropriate regulatory agency; "(ii) the Department of Justice; "(iii) a registered entity; "(iv) a registered futures association; "(v) a self-regulatory organization as defined in section 3(a) of the Securities Exchange Act of 1934 (15 U.S.C. 78c(a)); or "(vi) a law enforcement organization; "(B) to any whistleblower who is convicted of a criminal violation related to the judicial or administrative action for which the whistleblower otherwise could receive an award under this section; "(C) to any whistleblower who submits information to the Commission that is based on the facts underlying the covered action submitted previously by another whistleblower; Fonte: https://uscode.house.gov/view.xhtml?req=(title:7%20section:26%20edition:prelim). Acesso em 02 fevereiro de 2018.

de estimular reportes em que um cidadão passa a ser fiscal do outro, ciente de que será recompensado financeiramente e terá a sua identidade resguardada.

Já as diferenças entre as leis são: (i) a possibilidade de reportar a determinado órgão ou entidade e, ainda, discutir judicialmente as eventuais irregularidades, com ou sem a intervenção do governo; e, (ii) a variação percentual das recompensas financeiras, demonstrando a riqueza do tema.

O Tribunal de Contas da União, ainda que não possua um regime jurídico voltado à proteção do *whistleblower*, uma vez que as denúncias analisadas não estão atreladas a compensações financeiras em prol daqueles que reportem irregularidades, pela relevância de suas atribuições de controle previstas no art. 71, da CRFB, teve a sua Lei Orgânica alterada pela Lei n.º 13.866/2019, especificamente no seu Capítulo IV – Da Denúncia – que assim passou a dispor:

> Art. 53. Qualquer cidadão, partido político, associação ou sindicato é parte legítima para denunciar irregularidades ou ilegalidades perante o Tribunal de Contas da União.
>
> (...)
>
> § 3º A denúncia será apurada em caráter sigiloso, **até que se comprove a sua procedência**, e somente poderá ser arquivada após efetuadas as diligências pertinentes, mediante despacho fundamentado do responsável.
>
> § 4º Reunidas as provas que indiquem a existência de irregularidade ou ilegalidade, serão públicos os demais atos do processo, assegurando-se aos acusados a oportunidade de ampla defesa.
>
> (...)
>
> Art. 55. No resguardo dos direitos e garantias individuais, o Tribunal dará tratamento sigiloso às denúncias formuladas, **até decisão definitiva sobre a matéria**.
>
> (...)
>
> § 2º O denunciante não se sujeitará a qualquer sanção administrativa, cível ou penal, em decorrência da denúncia, salvo em caso de comprovada má-fé.
>
> § 3º **Ao decidir, caberá ao Tribunal manter o sigilo do objeto e da autoria da denúncia quando imprescindível à segurança da sociedade e do Estado.**

Conforme se extrai, o art. 55 da Lei Orgânica n.º 8.443/92, alterado em 2019, atribui uma imunidade sancionatória exclusivamente ao denunciante que, de boa-fé, comunicar ilícitos passíveis de controle pela Corte de Contas.

Não obstante, estabelece um marco temporal e material de garantia do anonimato do reportante – até a decisão definitiva sobre a matéria – salvo se o sigilo do objeto e da autoria da denúncia for imprescindível à segurança da sociedade e do Estado.

De outro turno, a Lei n.º 13.460/2017 (Lei de participação, proteção e defesa dos usuários dos serviços públicos) assegura que quaisquer manifestações às Ouvidorias terão garantidos o sigilo e a proteção de dados, nos termos da Lei n.º 12.527/2011, cujo art. 31, §1º, atribui acesso restrito, independentemente de classificação de sigilo e pelo prazo máximo de 100 (cem) anos a contar da sua data de produção, a agentes públicos legalmente autorizados e à pessoa a que elas se referirem salvo a agentes públicos legalmente autorizados.

A melhor exegese que deve ser atribuída à parte final do §1º do art. 31 da Lei n.º 12.527/2011 é a de que o denunciado deve ter amplo acesso ao teor da denúncia, ressalvados os dados da autoria, que somente poderão ser disponibilizados se houver autorização prévia.

Do contrário, deverão ser resguardados pelo prazo de 100 (cem) anos, salvo se houver má-fé, hipótese em que deverá ser garantido o conhecimento da autoria ao prejudicado, para que sejam adotadas as providências proporcionais ao agravo, nos termos do art. 5º, inciso V, da CRFB.

A partir destes diplomas legislativos, a Corte de Contas distingue as *denúncias*, que são analisadas com amparo na Lei n.º 8.443/92, dos *Relatos de Regularidade* enviados à Ouvidoria, acobertando somente estas últimas do anonimato[96].

[96] https://contas.tcu.gov.br/ords/f?p=SISOUVIDORIA_EXTERNA:29:::NO:29:P29_XTIPO_MANIFESTACAO:2 Relato de irregularidade ao TCU: O relato de irregularidade feito por este canal não se confunde com a "Denúncia" prevista nos arts. 53 e seguintes da Lei Orgânica do TCU (Lei n.º 8.443/1992). Neste canal, a identificação é opcional e o manifestante comunicará a existência de alguma irregularidade, com ou sem evidências/indícios comprobatórios. Após recebimento das informações, o relato será encaminhado para a unidade técnica responsável, que avaliará e decidirá pela atuação imediata de procedimento; por fazê-lo posteriormente, após pesquisas adicionais; ou por manter a informação em suas bases como subsídio para atuação futura. Acesso em 01º dez. 2020.

A explicação do TCU para a duplicidade de regimes jurídicos encontra-se no art. 55, §1º, de sua Lei Orgânica, que foi julgado em sede de controle difuso ou concreto pelo Supremo Tribunal Federal no ano de 2002, no âmbito do Mandado de Segurança n.º 24.405-4, mas de eficácia *erga omnes*, por força da Resolução do Senado n.º 16/2006, que suspendeu a manutenção do sigilo do denunciante *após a decisão de mérito* proferida pela Corte de Contas, com fundamento na vedação do anonimato contida no art. 5º, inc. IV, da CRFB.

Ocorre que a aplicação irrestrita da Lei n.º 8.443/92, de forma a permitir que a identidade do denunciante seja divulgada após a decisão definitiva da matéria pelo Plenário do TCU está em descompasso com a legislação supracitada e com decisões proferidas pela Suprema Corte que ressaltam a prevalência dos Tratados Internacionais no que diz respeito aos direitos fundamentais, as quais demonstram ser necessária uma mutação constitucional sobre a interpretação da Lei Orgânica à luz do art. 5º, inc. IV, da CRFB.

Dentre essas decisões, podemos citar o reconhecimento da supralegalidade dos tratados internacionais de direitos humanos (Recurso Extraordinário n.º 466.343), que por coerência deve se estender aos Tratados Internacionais de Combate à Corrupção, os quais impuseram alterações à Lei n.º 13.608/2018, exigindo da União (aí incluído a Corte de Contas), dos Estados, DF e Municípios, assim como aos seus órgãos e entidades, por intermédio de suas ouvidorias, que assegurem a qualquer pessoa o direito de relatar informações sobre crimes contra a administração pública, ilícitos administrativos ou quaisquer ações ou omissões lesivas ao interesse público e os protejam em caráter integral de quaisquer retaliações, além de os isentarem de responsabilização civil ou penal no que tange ao relato, exceto se o informante tiver apresentado, de modo consciente, informações ou provas falsas.

Da mesma forma, as Leis n.ºs 13.460/2017 (Lei de participação, proteção e defesa dos usuários dos serviços públicos) e 12.527/2011 (Lei de Acesso à Informação), também devem ser consideradas, uma vez que esta última assegurou acesso restrito a essas informações de usuários, independentemente de classificação de sigilo e pelo prazo de 100 (cem) anos.

A despeito do regime jurídico de denúncias do TCU ser diferente do previsto na Lei Anticrime, em que esta última prevê recompensas por denúncias, entendemos que a proteção no âmbito da Corte de Contas deve garantir, da mesma forma, o pleno anonimato, pelo prazo de 100 (cem) anos, salvo se restar evidenciada a má-fé (revanchismo, questões políticas, etc.), assegurando-se ao reportante/denunciante, ainda, a tutela contra quaisquer ações ou omissões praticadas a título de retaliação, tais como demissão arbitrária, alteração injustificada de funções ou atribuições, imposição de sanções, de prejuízos remuneratórios ou materiais de qualquer espécie, retirada de benefícios, diretos ou indiretos, ou negativa de fornecimento de referências profissionais positivas.

O desiderato é claro: evitar atos administrativos editados em detrimento dos denunciantes eivados por abuso de poder, desvio de finalidade e, no âmbito privado, retaliações que na grande maioria dos casos resultam em demissões. Em suma, deve ser reconhecida a vulnerabilidade econômica da pessoa que depende do seu labor.

Além deste aspecto, há outra razão importante para o prestígio do denunciante: a economia trazida aos cofres públicos, uma vez que essa atitude facilitará o foco da investigação e repressão.

Por conseguinte, é imprescindível que o Tribunal de Contas da União adote procedimento uniforme de recepção de denúncias e proteção aos denunciantes de boa-fé, e que o Supremo Tribunal Federal, em sede de mutação constitucional readeque seu entendimento em novos casos que discutam denúncias e direito ao anonimato no âmbito da Corte de Contas, à luz dos Tratados Internacionais contra a corrupção, que ao fim e ao cabo, protegem também os direitos fundamentais de intimidade e vida privada das pessoas, nos termos do art. 5º, inc. X, da CRFB.

Nesta senda, o TCU precisa restringir os reportes sobre crimes contra a administração pública, ilícitos administrativos ou quaisquer ações ou omissões lesivas ao interesse público a um só canal de denúncias, com uma só autoridade competente formalmente designada, que deverá dispor das capacidades e dos poderes necessários para garantir a adequada investigação, por intermédio das medidas corretivas adequadas, inclusive remetendo a denúncia para outras autoridades, assim como aconselhar os reportantes, de maneira clara, imparcial e acessível sobre as potenciais consequências daquele ato, por intermédio da autoridade competente, de forma gratuita, confidencial e individual, desestimulando abusos de direito decorrentes de revanchismos que se convertem em denuncismos.

Com o escopo de trazer maior racionalidade tanto interna quanto externa, os dados dos reportantes devem ser protegidos não somente até a decisão de mérito a ser proferida eventualmente em uma tomada de contas pela Corte, mas pelo prazo máximo de 100 (cem) anos, salvo se houver autorização prévia por parte do denunciante.

Ademais, se faz necessária a reflexão acerca da implementação do *whistleblower* no âmbito da Administração Pública, especialmente no tocante ao pagamento de recompensas àqueles que contribuem para o combate à corrupção, a exemplo de inúmeros outros países, de forma a estimular o reporte de ilícitos, dentro de uma realidade austera, que impõe a contenção das contratações de servidores públicos para exercer atividades de fiscalização.

Desta forma, estimularemos uma sociedade mais participativa, que já deixou de aceitar o inaceitável, mas que ainda por medo de retaliações muitas vezes não exerce efetivamente seu papel no combate à corrução, responsável pela geração de custos econômicos sociais e morais.

1.4. Aspectos do conteúdo jurídico da transparência

1.4.1. Aspecto subjetivo

Diz respeito aos sujeitos relacionados ao cumprimento e à exigência da transparência, dividindo-se em sujeitos ativo (os legitimados a exigi-la) e passivo (os obrigados a observá-la, disponibilizando documentos e informações).

No que tange aos sujeitos passivos, União, Estados, Distrito Federal e Municípios, assim como seus órgãos e entidades públicos, as estatais e as Cortes de Contas deverão assegurar o acesso às informações.

Contudo, ainda neste primeiro grupo devemos mencionar os parceiros privados que celebram contratos de gestão, termos de parceria, os termos de colaborações e de fomento, os contratos decorrentes de consórcios públicos, bem como as associações de municípios.

A Lei nº 9.637/98 exige, dentre outros requisitos, para que as Organizações Sociais celebrem contratos de gestão com o poder público, a transparência por intermédio da publicação anual, no Diário Oficial da União, dos relatórios financeiros e do relatório de execução do contrato de gestão.

Da mesma forma a Lei nº 9.790 (Lei das OSCIP`s) exige a publicação dos extratos dos Termos de Parceria e demonstrativos da sua execução física e financeira, principalmente o relatório sobre a execução do objeto do Termo de Parceria, contendo comparativo específico das metas propostas com os resultados alcançados, acompanhado de prestação de contas dos gastos e receitas efetivamente realizados na imprensa oficial do Município, do Estado ou da União, conforme o alcance das atividades celebradas entre o órgão parceiro e a Organização da Sociedade Civil de Interesse Público, como condição para liberação de novos recursos.

De acordo com a Lei nº 11.107/2005, os consórcios públicos também devem observar os preceitos de transparência não somente no protocolo de intenções e nos contratos, mas também nos contratos de programa em relação às obrigações que um ente da Federação constituir para com outro ente da Federação ou para com consórcio público no âmbito de gestão associada em que haja a prestação de serviços públicos ou a transferência total ou parcial de encargos, serviços, pessoal ou de bens necessários à continuidade dos serviços transferidos.

A Lei nº 13.019, que instituiu normas gerais para as parcerias entre a administração pública e organizações da sociedade civil, em regime de mútua cooperação, para a consecução de finalidades de interesse público e recíproco, também duplamente exige que não somente a Administração Pública mantenha em seu sítio oficial a relação das parcerias celebradas e dos respectivos planos de trabalho, até cento e oitenta dias após o respectivo encerramento, mas também as organização da sociedade civil devem divulgar na internet e em locais visíveis de suas sedes sociais todas as parcerias celebradas.

Mais recentemente a Lei nº 14.341/2022 passou a permitir a associação de municípios para a realização de objetivos comuns de caráter político-representativo, técnico e científico e exigiu em seu art. 10 que deverão assegurar o direito fundamental à informação sobre suas atividades, nos termos da Lei de Acesso à Informação.

Da mesma forma, as entidades privadas sem fins lucrativos que recebam, para realização de ações de interesse público, recursos públicos diretamente do orçamento ou mediante subvenções sociais, contrato de gestão, termo de parceria, convênios, acordo, ajustes ou outros instrumentos congêneres, deverão dar transparência à parcela dos recursos públicos recebidos e à sua destinação, sem prejuízo das prestações de contas a que estejam legalmente obrigadas[97].

[97] Competência do TCU. Acesso à informação. Abrangência. Entidade de direito privado. Sistema S. As requisições de documentos e informações pelo TCU, ainda que realizadas no âmbito de processos de levantamento ou acompanhamento, têm força cogente e podem ser

O segundo grupo de pessoas está disciplinado no artigo 7.º, III, da Lei n.º 12.527/2011 e concerne às informações produzidas ou custodiadas por pessoas físicas ou entidades privadas decorrentes de qualquer vínculo com órgãos ou entidades públicas, mesmo que este já tenha cessado, por exemplo, uma empresa que tenha sido contratada por intermédio de licitação para realizar um determinado evento e tenha colhido dados não amparados por sigilo dos inscritos, o que demonstra a importância do vocábulo *vínculo*, isto é, de que a informação possua um nexo de pertinência específico.

Um terceiro grupo de pessoas sujeitas à transparência diz respeito a todos aqueles que estejam obrigados à prestação de contas ao controle externo, nos termos do artigo 70, parágrafo único, da Carta Magna, ou seja, quaisquer pessoas físicas ou jurídicas, "com ou sem fins lucrativos, que de qualquer forma utilizem, arrecadem, guardem, gerenciem ou administrem, dinheiros, bens e valores públicos, ou pelos quais a União responda, ou que, em nome desta, assuma obrigações de natureza pecuniária".

Merece destaque o quarto grupo presente na Lei das Estatais (13.303/2016), que dispõe sobre a transparência em seu artigo 8.º, ao exigir que o estatuto da empresa pública, da sociedade de economia mista e de suas subsidiárias deverá observar regras de transparência relacionadas à elaboração de carta anual, subscrita pelos membros do Conselho de Administração, com a explicitação dos compromissos de consecução de objetivos de políticas públicas, em atendimento ao interesse coletivo ou ao imperativo de segurança nacional que justificou a autorização para suas respectivas criações, com definição clara dos recursos a serem empregados para esse fim, bem como dos impactos econômico-financeiros da consecução desses objetivos, mensuráveis por meio de indicadores objetivos, além de outras obrigações que deverão ser publicamente divulgadas na internet de forma permanente e cumulativa[98].

dirigidas não só a pessoas jurídicas de direito público, como também a pessoas jurídicas de direito privado que gerenciem recursos públicos, como as entidades do Sistema S (arts. 42 e 87 da Lei 8.443/1992) (Acórdão n.º 976/2019, Plenário, Rel. Min. Bruno Dantas).

[98] Enunciado 13 da I Jornada de Direito Administrativo do Conselho da Justiça Federal: As empresas estatais são organizações públicas pela sua finalidade, portanto, submetem-se à aplicabilidade da Lei 12.527/2011 "Lei de Acesso à Informação ", de acordo com o artigo 1º, parágrafo único, inciso II, não cabendo a decretos e outras normas infralegais

Além dos requisitos elencados, a Corte de Contas exige das estatais, independentemente de se inserirem no regime de livre concorrência, a divulgação das despesas relacionadas à remuneração de seus empregados e dirigentes, entre as quais incluem-se gastos com cartões de crédito corporativos, participações nos lucros, gastos com viagens e submissão ao teto constitucional no tocante à remuneração[99].

Quanto aos sujeitos ativos, a própria Lei de Acesso à Informação apresenta um rol de legitimados universal em seu artigo 10, ao permitir que as pessoas físicas e jurídicas apresentem pedido de acesso a informações aos órgãos e entidades referidos no art. 1.º dessa Lei, por qualquer meio legítimo, desde que contenha a identificação do requerente e a especificação da informação requerida.

No âmbito do Tribunal de Contas da União, a Resolução n.º 294, de 18 de abril de 2018, disciplina que as autoridades, os servidores, terceirizados, estagiários, demais colaboradores e qualquer pessoa que tenha acesso a informações produzidas ou custodiadas, às dependências ou aos sistemas informatizados desse Tribunal estão sujeitos aos ditames da norma.

estabelecer outras restrições de acesso a informações não previstas na Lei. Fonte: https://www.cjf.jus.br/cjf/corregedoria-da-justica-federal/centro-de-estudos-judiciarios-1/publicacoes-1/Jornada%20de%20Direito%20Administrativo%20-%20Enunciados%20aprovados/jornada-de-direito-administrativo-enunciados-aprovados/@@download/arquivo. Acesso em 10.08.2020.

[99] Pessoal. Empresa estatal. Remuneração. Princípio da publicidade. As empresas estatais, organizadas sob todas as formas e independentemente de se inserirem no regime de livre concorrência, estão obrigadas a divulgar as despesas relacionadas à remuneração dos seus empregados e dirigentes, entre as quais incluem-se gastos com cartões de crédito corporativos, participações nos lucros, gastos com viagens, além de outras correlatas (art. 12 da Lei 13.303/2016 c/c o art. 19 do Decreto 8.945/2016) (Acórdão n.º 728/2019, Plenário, Rel. Min. Vital do Rêgo).

Pessoal. Empresa estatal. Remuneração. Referência. Teto constitucional. A Secretaria de Coordenação e Governança das Empresas Estatais (Sest), ao se manifestar sobre propostas de remuneração e assuntos correlatos (art. 92, inciso VI, alínea "g", do Decreto 9.679/2019), deve adotar, entre outros parâmetros de avaliação, o teto constitucional a que se sujeita a Administração Pública (art. 37, inciso XI, da Constituição Federal) e o nível salarial praticado por empresas similares do setor privado, assim consideradas aquelas de porte similar e que atuam no mesmo setor econômico da estatal pleiteante (Acórdão n.º 728/2019, Plenário, Rel. Min. Vital do Rêgo).

O supracitado ato normativo divide os sujeitos em grupos de acesso implícito e explícito. O primeiro grupo (acesso implícito) são pessoas autorizadas a acessar informação que não seja pública, armazenada em sistema informatizado do Tribunal de Contas da União, em virtude de regra geral previamente definida por colegiado, autoridade ou unidade competente do Tribunal.

O segundo grupo (acesso explícito) contempla as pessoas autorizadas a acessar informação que não seja pública, em virtude de indicação explícita por pessoa competente, no caso concreto, podendo abranger pessoas físicas ou jurídicas que se relacionam com o Tribunal de Contas da União.

Quanto à competência para classificação de informações, o artigo 12 da Resolução n.º 294/2018 dispõe o seguinte:

> Art. 12. A classificação da informação é de competência:
>
> I – no grau ultrassecreto, de colegiado do TCU, do Presidente, dos relatores ou membros do Ministério Público junto ao TCU;
>
> II – no grau secreto, das autoridades e colegiados previstos no inciso I, de colegiado da Secretaria do TCU e dos secretários-gerais, com possibilidade de delegação de competência para o dirigente da unidade responsável pelo processo;
>
> III – no grau reservado e nas de natureza pessoal, em outras hipóteses de sigilo previstas em lei e na classificação pública, de todos os servidores do TCU, conforme regulamentação prevista no art. 24.
>
> Parágrafo único. Após manifestação sobre classificação da informação proferida pelo Presidente ou relator nos processos e documentos de suas competências, não cabe classificação diversa, salvo pela própria autoridade ou por colegiado do Tribunal.

Há uma aparente simetria com a Lei n.º 12.527/2011, no tocante ao rol de legitimados para classificar as informações nos graus ultrassecreto e reservado.

Contudo, enquanto a Lei n.º 12.527/2011, em seu artigo 29, exige que a autoridade ou outro agente público que classificar informação como ultrassecreta deverá sempre encaminhar, por provocação ou de ofício, à autoridade hierarquicamente superior, para ratificação do ato, ou ainda para desclassificação ou redução do prazo de sigilo, o Tribunal de Contas da União permite que o presidente, o relator ou os membros do Ministério Público de Contas, independentemente de ratificação do Plenário[100] ou qualquer outra análise, classifiquem uma informação nesse grau.

Parece-nos que a intenção da Lei n.º 12.527/2011 foi exigir um controle hierárquico sucessivo[101], visando corrigir eventuais defeitos do ato administrativo e permitir a declaração da nulidade ou ainda atribuir-lhe eficácia, por meio não somente do controle da legalidade (conformação do ato ou do procedimento administrativo com as normas legais que o regem), mas também em um controle de mérito (diz respeito aos aspectos discricionários do ato administrativo) e, portanto, trata-se de procedimento de observância cogente por parte do Tribunal de Contas da União, sendo necessário um aperfeiçoamento da Resolução n.º 294/2018.

Outro ponto que merece destaque é a classificação das informações no grau reservado, que pode ser feita por qualquer servidor do TCU, inclusive funcionários terceirizados, ao passo que a Lei n.º 12.527/2011, em seu artigo 27, II, permite somente que as funções de direção, comando ou chefia assim o façam.

Quanto ao artigo 12, parágrafo único, da Resolução n.º 298/2014, que aparentemente faculta ao presidente ou ao relator encaminhar os processos e documentos de suas competências classificados ao Plenário do Tribunal, entendemos que merece revisão, pois deve ser uma obrigação esse controle subsequente, a teor da Lei n.º 12.527/2011.

Importa ressaltar que não há nenhuma motivação sobre a possibilidade de todo e qualquer servidor classificar uma informação em grau reservado na Resolução n.º 294/2018, o que também em nossa visão contraria a *ratio legis* da Lei de Acesso à Informação.

[100] O Relatório de Gestão de 2018 do Tribunal de Contas da União considera como estruturas de governança externas o Congresso Nacional e o próprio Tribunal de Contas da União. Já as suas instâncias internas são o Plenário, o presidente e a Comissão de Coordenação-Geral (A Comissão de Coordenação-Geral auxilia o presidente do Tribunal de Contas da União na alocação de recursos e formulação de políticas institucionais, bem como em questões que necessitem da integração intersetorial). As instâncias internas de apoio à governança realizam a comunicação entre as partes interessadas e auditorias que avaliam riscos e controles internos, o que comprova a necessidade de as informações classificadas serem submetidas obrigatoriamente ao Plenário. Fonte: https://portal.tcu.gov.br/biblioteca-digital/relatorio-de-gestao-2018.htm. Acesso em: 7 ago. 2019.

[101] MEDAUAR, Odete. *Controle da administração pública*. São Paulo: RT, 1993. p. 44-45.

1.4.2. Aspecto objetivo

O aspecto objetivo diz respeito ao conjunto de informações sujeitas à transparência administrativa, e podemos extrair do artigo 4.º, incisos I e II, da Lei n.º 12.527/2011, a *informação* definida como dados, processados ou não, que podem ser utilizados para produção e transmissão de conhecimento, contidos em qualquer meio, suporte ou formato, e os *documentos* compreendidos como unidades de registro de informações, qualquer que seja o suporte ou formato.

No conceito de *informação*, entendemos por dados processados aqueles submetidos a qualquer operação ou tratamento por meio de processamento eletrônico ou por meio automatizado com o emprego da tecnologia da informação[102].

Quanto a documentos, sua definição é demasiadamente vaga, o que impõe a delimitação do que se entende por esse conceito como qualquer material que esteja na posse dos sujeitos passivos supraelencados.

A Resolução n.º 249, de 2 de maio de 2012, do Tribunal de Contas da União, em seu artigo 4.º, considera informações os seguintes conteúdos:

> Art. 4.º É direito de qualquer interessado obter junto ao TCU:
>
> I – orientação sobre os procedimentos para acesso, bem como sobre o local onde poderá ser encontrada ou obtida a informação almejada;
>
> II – informação contida em registros ou documentos, produzidos ou acumulados pelo Tribunal, recolhidos ou não a arquivos públicos;
>
> III – informação produzida ou custodiada por pessoa física ou entidade privada decorrente de qualquer vínculo com o Tribunal, mesmo que esse vínculo já tenha cessado;
>
> IV – informação primária, íntegra, autêntica e atualizada;
>
> V – informação sobre atividades exercidas pelo Tribunal, inclusive as relativas à sua política, organização e serviços;
>
> VI – informação pertinente à administração do patrimônio público, utilização de recursos públicos, licitação, contratos administrativos;
>
> VII – informação relativa:

[102] HEINEN, Juliano. *Comentários à lei de acesso à informação*. 2. ed. Belo Horizonte: Fórum, 2015. p. 126.

a) à implementação, acompanhamento e resultados dos programas, projetos e ações do Tribunal, bem como metas e indicadores propostos; e

b) ao resultado de inspeções, auditorias, prestações e tomadas de contas realizadas pelo Tribunal, incluindo prestações de contas relativas a exercícios anteriores.

VIII – demais informações cujo acesso é assegurado em lei.

Perceba-se que o conceito de informação é mais amplo do que o contido na Lei n.º 12.527/2011, similar ao disposto na Lei n.º 65/1993, de Portugal, conforme dispõe seu artigo 4.º:

Artigo 4.º

1 – Para efeito do disposto no presente diploma, são considerados:

a) Documentos administrativos: quaisquer suportes de informação gráficos, sonoros, visuais, informáticos ou registos de outra natureza, elaborados ou detidos pela Administração Pública, designadamente processos, relatórios, estudos, pareceres, actas, autos, circulares, ofícios-circulares, ordens de serviço, despachos normativos internos, instruções e orientações de interpretação legal ou de enquadramento da actividade ou outros elementos de informação;

b) Documentos nominativos: quaisquer suportes de informação que contenham dados pessoais;

c) Dados pessoais: informações sobre pessoa singular, identificada ou identificável, que contenham apreciações, juízos de valor ou que sejam abrangidas pela reserva da intimidade da vida privada.

2 – Não se consideram documentos administrativos, para efeitos do presente diploma:

a) As notas pessoais, esboços, apontamentos e outros registos de natureza semelhante;

b) Os documentos cuja elaboração não releve da actividade administrativa, designadamente referentes à reunião do Conselho de Ministros e de secretários de Estado, bem como à sua preparação.

O diferencial da legislação portuguesa é que ela possui um rol do que não é considerado documento, de maneira a permitir uma negativa prévia de acesso à informação, assim como facilitar o controle.

Curioso também demonstrar que a Lei Federal de Transparência e Acesso à Informação Pública mexicana[103], apontada pela Unesco[104] como modelo em âmbito mundial, traz um rol de publicações consideradas essenciais para que a sociedade possa efetivamente participar e fiscalizar a gestão de seus mandatários e a efetiva implementação de políticas públicas que vão desde estatísticas de concessão de licenças de armas, passando por concessões fiscais e estatísticas de processos penais de adolescentes, a meio ambiente, como áreas naturais protegidas, espécies de plantas em risco de extinção, lista de regiões contaminadas (por tipo de produto e localização) etc.

Portanto, andou bem o Tribunal de Contas da União ao ampliar o rol de informações passíveis de acesso pela Lei n.º 12.527/2011, mas seria importante delimitar uma relação do que não se considera informação ou documento, a fim de ampliar o controle social, bem como recomendar aos demais órgãos e entidades vinculadas a seu controle que adotem o mesmo procedimento, assim como discutir, no Poder Executivo, modelos de divulgação das políticas públicas implantadas e seus resultados, nos mesmos moldes da Lei mexicana de *transparencia y acceso a la información pública*.

[103] Fonte: http://www.dof.gob.mx/avisos/2493/SG_090516/SG_090516.html. Acesso em: 2 jul. 2019.

[104] *El Centro de Derecho y Democracia (CLD, por sus siglas en inglés), con sede en Canadá, compila clasificaciones regulares de leyes nacionales de acceso a la información basadas en un análisis detallado de sus diferentes disposiciones legales, mecanismos de cumplimiento, accesibilidad en línea y otros factores. El Centro no pretende calificar o monitorear la implementación o impacto de estas leyes. El 'Global Right to Information Rating' del CLD se basa exclusivamente en evaluaciones técnicas de la calidad de las leyes como instrumentos legales con el propósito declarado de asegurar acceso público a la información. En base a esos criterios, el índice clasifica a la ley mexicana como la número uno en el mundo, entre las más de cien leyes nacionales analizadas por el CLD.* (La evaluación actual del CLD toma en cuenta también las revisiones de la ley Mexicana adoptadas en 2015.)
Fonte: https://unesdoc.unesco.org/in/rest/annotationSVC/DownloadWatermarkedAttachment/attach_import_9e267030-297b-484b-8cf2-e2e62b0cad3e?_=249837spa.pdf123123&to=26&from=1#pdfjs.action=download. Acesso em: 2 jul. 2019.

1.4.3. Aspecto formal

1.4.3.1. Transparência ativa

O aspecto formal diz respeito à qualidade de acessibilidade da informação aos olhos dos interessados, a visibilidade por aqueles que buscam observá-la[105], em termos de rapidez, facilidade e simplicidade na busca e na localização.

Em nossa visão, a qualidade da acessibilidade deve ocorrer mediante um procedimento prévio de motivação e participação da sociedade, abrangendo audiências e consultas públicas, de forma que a transparência seja mais bem concretizada tanto no portal do TCU, e da mesma forma no que tange aos seus atos normativos, bem como em relação às suas decisões em sede de controle externo, sendo insuficiente a mera disponibilização de um amontoado de informações como hoje são os seus acórdãos que possuem entre 90 e 200 páginas.

A motivação é essencial na Administração Pública, mas será que esse padrão decisório contribui para o adequado controle social e a celeridade/razoável duração do processo necessária no controle jurisdicional[106]?

Se a transparência é um axioma decorrente da democracia, a qualidade da informação será mais bem transmitida com um procedimento prévio na elaboração dos atos normativos editados pelo Tribunal de Contas da União[107], assim como um adequado padrão decisório nos seus arestos proferidos.

[105] CANHADAS, Fernando Augusto Martins. *O direito de acesso à informação pública*: o princípio da transparência administrativa cit., p. 244.

[106] CF. Art. 5º. (...)
LXXVIII – a todos, no âmbito judicial e administrativo, são assegurados a razoável duração do processo e os meios que garantam a celeridade de sua tramitação.

[107] Atualmente, encontra-se em consulta pública o manual de auditoria operacional, que tem por objetivo, entre outros pontos, permitir que as auditorias operacionais possam ao final resultar em determinações. Fonte: https://portal.tcu.gov.br/fiscalizacao-e-controle/auditoria/consulta-publica/. Acesso em: 28 ago. 2019. Para Conrado Tristão, em comparação com o Direito italiano, não se trata da melhor opção, uma vez que as auditorias possuem caráter estritamente operacional. Fonte: https://www.jota.info/paywall?redirect_to=//www.jota.info/opiniao-e-analise/colunas/controle-publico/determinacoes-do-tcu-em-fiscalizacao-operacional-28082019. Acesso em: 28 ago. 2019.

1.4.3.4. Transparência nos padrões decisórios

Quanto a este ponto, no mesmo sentido em contundente crítica, Gustavo Binenbojim expõe as mazelas da ausência de padrões decisórios em sede de controle externo e, principalmente, pelo Poder Judiciário que ora decide afastando a intangibilidade do mérito administrativo e em outros momentos como fundamento para não decidir invoca a separação de funções[108].

A título de exemplo, em uma decisão em sede de controle externo proferida pelo Tribunal de Contas da União[109] determinou-se a revisão da tarifa básica do pedágio na rodovia BR-101 por compreender haver indícios de irregularidade, pois a ANTT teria adotado metodologia financeira equivocada, superestimando o novo valor da tarifa em R$ 351 milhões ao longo do contrato de concessão.

Contudo, não ficou claro qual o critério estabelecido em relação às fórmulas adequadas e variáveis envolvidas, tampouco houve preocupação com as consequências práticas dessa determinação genérica, que poderia ter sido mais bem fundamentada, por exemplo[110], ou ainda possuir um padrão decisório.

Além dessa proposta acima, trazemos outras sugestões de melhoria em relação ao conteúdo decisório em sede de controle externo, pois o critério econômico deve ser um importante orientador das atuações do Tribunal de Contas da União, principalmente utilizando a Lei de Introdução às Normas de Direito Brasileiro.

Corroborando essa afirmação, a mais recente auditoria apresentada por intermédio do Acórdão n.º 1079/2019, de Relatoria do Ministro Vital do Rêgo, constatou que existem 14 mil obras paralisadas:

[108] BINEMBOJIM. Gustavo. *Decidindo como decidir parte I – padrões decisórios no controle da administração pública promoveriam mais coerência, eficiência e segurança jurídica e decidindo como decidir parte II – o controle da administração pública deve envolver escolhas realistas e esquemas decisórios factíveis. In*: SUNDFELD, Carlos Ari; JORDÃO, Eduardo; MOREIRA, Egon Bockmann; MARQUES NETO, Floriano; CÂMARA, Jacintho Arruda; MENDONÇA, José Vicente Santos de; JUSTEN FILHO, Marçal; MONTEIRO, Vera. *Publicistas: direito administrativo sob tensão.* Belo Horizonte: Fórum, 2022. pp. 183-186.

[109] Acórdão n.º 671/2018, Plenário, Rel. Min. Aroldo Cedraz.

[110] GRUPO PÚBLICO DA FGV DIREITO SP/SBDP. *Observatório do TCU*: julgamentos de março e abril de 2018. São Paulo, 2018. p. 3-5.

TABELA 1 – **Situação dos contratos relacionados a obras do diagnóstico consolidado**

Situação	Quantidade de contratos	Investimento	% Qtd.	% investimento
Em reformulação	590	R$ 204.988.942,85	1,54%	0,03%
Adiantada	950	R$ 957.961.227,72	2,47%	0,13%
Atrasada	2.700	R$ 4.105.680.314,13	7,03%	0,57%
Normal/em execução/em obras/ ativo	19.728	R$ 575.829.146.944,31	51,36%	79,37%
Obra iniciada sem medição	41	R$ 44.541.721,12	0,11%	0,01%
Paralisada/inacabada	14.403	R$ 144.314.132.476,62	37,50%	19,89%
Total Geral	38.412	R$ 725.456.451.626,74	100,00%	100,00%

Os valores perfazem o montante de R$ 725.456.451.626,74, cujos gestores são a Caixa Econômica Federal, o Ministério da Educação, o Departamento Nacional de Infraestrutura e Transportes, a Fundação Nacional de Saúde, e outras relacionadas ao Programa de Aceleração do Crescimento (PAC).

O impacto da atuação do Tribunal de Contas da União sobre essas obras foi demonstrado somente no tocante ao PAC:

TABELA 2 – **Motivos das paralisações das obras constantes do banco de dados do PAC**

Motivo da paralisação	Número de obras	% relativo
Técnico	1.359	47%
Abandono pela empresa	674	23%
Outros	344	12%
Orçamentário/Financeiro	294	10%
Órgãos de Controle	93	3%
Judicial	83	3%
Titularidade/Desapropriação	35	1%
Ambiental	32	1%
Total Geral	2.914	100%

Observa-se que 3% das obras do PAC estão relacionadas aos órgãos de controle (Tribunal de Contas da União, Tribunais de Contas dos Estados e o Ministério Público), e, de acordo com o sistema interno denominado "Fiscobras Gerencial", existem seis contratos de obras fiscalizados pela Corte de Contas Federal que tiveram indicação de irregularidades graves com recomendação de paralisação.

Quanto ao banco de dados do DNIT, tem-se um total de 1.290 contratos de obras, em que apenas um teve indicação de paralisação pelo Tribunal de Contas da União. Por seu turno, no banco de dados da Caixa Econômica Federal, que conta com cerca de 14 mil contratos vigentes, também houve apenas uma indicação de paralisação.

Contudo, o Tribunal de Contas da União reconhece expressamente no acórdão que as informações mencionadas são insuficientes para avaliar o real impacto da sua atuação sobre as paralisações, pois há casos em que se indica a irregularidade grave com recomendação de paralisação, mas a obra já estava parada no momento da fiscalização, ou casos em que, mesmo com essa recomendação, a obra continua, uma vez que a indicação do Tribunal visa subsidiar decisão do Congresso Nacional de bloqueio de recursos na Lei Orçamentária Anual e não obriga, em princípio, o jurisdicionado a suspender o andamento da obra.

A classificação indicativa do Tribunal de irregularidades graves com recomendação de paralisação é uma das formas mais evidentes de aferir o impacto de sua atuação sobre a paralisação das obras, mas não é a única.

Há outras medidas relevantes para a tomada de decisões referentes à paralisação dos empreendimentos, como as medidas cautelares que suspendem a execução de serviços ou o pagamento respectivo; determinações para ajustes dos valores contratuais aos preços de mercado, inclusive com retenções de pagamentos; interpretações restritivas com relação a hipóteses de realização de aditivos contratuais; apenamento de gestores e empresas executoras de obras públicas.

Em todas essas hipóteses, o Tribunal reconhece que, em virtude da multiplicidade de situações e da subjetividade dos alegados efeitos, não é possível medir, com o mínimo de segurança, o real impacto dessas medidas, o que corrobora nossa afirmação a respeito da importância de se utilizar do pragmatismo previsto nos artigos 20, 21 e 22, todos da Lei de

Introdução às Normas do Direito Brasileiro[111], que impõem sejam levadas em consideração as consequências práticas da decisão, tanto jurídicas quanto administrativas, assim como a necessidade e a adequação (custos-benefícios ou ainda custo-efetividade).

Antigamente, com base no pensamento de Celso Antonio Bandeira de Mello, o Direito Administrativo se assentava em dois princípios: supremacia e do interesse público e indisponibilidade do interesse público. Hoje estes dois princípios estão superados, principalmente em decorrência das alterações da LINDB ocorridas em 2018 que positivaram o pragmatismo, consoante demonstraremos a seguir.

[111] Sobre a interpretação da LINDB, especificamente relacionada aos dispositivos supramencionados, apresentamos os enunciados editados pelo Instituto Brasileiro de Direito Administrativo, relativos à interpretação e seus impactos:
3. A abertura a distintas "possíveis alternativas", prevista no parágrafo único do art. 20, é imposta a todos os destinatários da LINDB. Os controles administrativo e judicial devem considerar o cenário vivenciado pela Administração ao tempo da decisão ou opinião, reservando-se a possibilidade de indicação pelo controlador, sem juízo de invalidação ou reprovação, de alternativas administrativas mais adequadas para o futuro.
4. As "consequências práticas" às quais se refere o art. 20 da LINDB devem considerar, entre outros fatores, interferências recíprocas em políticas públicas já existentes.
5. A avaliação das consequências práticas, jurídicas e administrativas é indispensável às decisões nas esferas administrativa, controladora e judicial, embora não possa ser utilizada como único fundamento da decisão ou opinião.
7. Na expressão "regularização" constante do art. 21 da LINDB estão incluídos os deveres de convalidar, converter ou modular efeitos de atos administrativos eivados de vícios sempre que a invalidação puder causar maiores prejuízos ao interesse público do que a manutenção dos efeitos dos atos (saneamento). As medidas de convalidação, conversão, modulação de efeitos e saneamento são prioritárias à invalidação.
8. A expressão "equânime", contida no parágrafo único do art. 21 da LINDB, não transmite conceito novo que não esteja previsto no ordenamento jurídico, remetendo às ideias de isonomia, razoabilidade, proporcionalidade, equidade e ponderação dos múltiplos interesses em jogo.
9. A expressão "interesse geral" prevista na LINDB significa "interesse público", conceito que deve ser extraído do ordenamento jurídico.
10. A expressão "ônus e perdas anormais e excessivos", constante do parágrafo único do art. 21 da LINDB, faz referência à imposição de obrigações de fazer ou não fazer (ônus) e a qualquer tipo de dano, a exemplo dos danos materiais, morais, emergentes e lucros cessantes (perdas), que não se mostrem razoáveis e proporcionais no caso concreto (IBDA. Enunciados do IBDA sobre a interpretação da LINDB. *Fórum Administrativo – FA*, Belo Horizonte, ano 19, n. 221, p. 167-168, jul. 2019).

O pragmatismo é uma atividade constitutiva na medida em que produz as normas jurídicas que serão aplicadas ao caso concreto sempre a partir de aspectos empíricos.

E o que implica isso? Transformar os operadores do Direito em não meros aplicadores da lei, mas sim condutores de resultados.

Como exemplo de avaliação pragmática expressa trago o voto proferido pelo Ministro Barroso nas ADC's 42, 43 e 54 que tratavam da prisão em segunda instância:

> "Os fatos e os números obtidos a partir de pesquisa empírica idônea devem ser utilizados na construção de solução que produza as melhores consequências para a sociedade. Sendo assim, não é possível desconsiderar que:
>
> (i) no Supremo Tribunal Federal, de um total de 25.707 recursos extraordinários julgados em matéria penal, somente em 1,12% deles houve decisão favorável ao réu, sendo que em apenas 0,035% dos casos ocorreu a absolvição;
> (ii) no Superior Tribunal de Justiça, de um total de 68.944 decisões proferidas em recursos especiais ou em agravos em recursos especiais, o percentual de absolvição não passou de 0,62%;
> (iii) num intervalo de 2 anos, quase mil casos prescreveram no âmbito do Supremo Tribunal Federal e do Superior Tribunal de Justiça. 5. Além disso, de acordo com dados do Departamento Penitenciário, os índices de crescimento do nível de encarceramento sofreram redução após a decisão do Supremo Tribunal Federal que permitiu a execução da decisão condenatória após o 2º grau;
>
> Por esse conjunto de razões, deve ser mantida a linha adotada por este Tribunal, em virada jurisprudencial que contribui para desfazer a exacerbada disfuncionalidade do sistema penal brasileiro;"
>
> (...)
>
> Como já me manifestei diversas vezes, nessa bancada e em trabalhos doutrinários, a interpretação constitucional e o Brasil, de uma maneira geral, precisam de um giro empírico-pragmático.
>
> No caminho do desenvolvimento, vamos ter que nos libertar de discursos tonitroantes (ruidosos) e da retórica vazia, descompromissada com o mundo real, que tanto caracteriza a vida nacional.

> O empirismo significa a valorização da experiência como fonte de conhecimento e legitimação das escolhas públicas.
>
> Daí a demanda crescente por pesquisas, dados e informações como elementos essenciais para a tomada de decisões.
>
> A esse propósito, merece elogio o papel que o Conselho Nacional de Justiça vem desempenhando na coleta e publicização dos dados do sistema de justiça.
>
> Já o pragmatismo se assenta na busca dos melhores resultados, dentro das possibilidades e limites semânticos dos textos normativos. Um dos aspectos do pragmatismo é a atenção às consequências das decisões. Nenhum intérprete pode ser indiferente ao produto do seu trabalho"[112].

Essa aplicação pragmática não é indene de críticas no próprio STF. O Ministro Marco Aurélio em seu voto no Recurso Extraordinário nº 565.089/MA, assentou que "o pragmatismo jurídico leva a considerar as consequências práticas da decisão judicial, lançando o magistrado em posição que não lhe é confortável. Ao reconhecer-lhe a condição de agente político no sentido estrito do termo, retira o juiz do habitat natural e o põe na função de legislador, para que tome a decisão com fundamento na antecipação hipotética de resultados". Ao final conclui que "[o] Supremo não é o Ministério da Fazenda ou o Banco Central do Brasil. Não compete ao Tribunal fazer contas quando está em jogo o Direito, mais ainda quando se trata do direito constitucional".[113]

A partir dessa própria discussão que ocorreu no STF, é essencial compreendermos o que é pragmatismo. O juiz ao decidir, deve fazê-lo com olhos nos resultados de sua decisão consideradas todas as variáveis relevantes (não apenas casuísticas para aquele caso) também relacionadas ao sistema jurídico tais como coerência, previsibilidade, generalidade, estabilidade e segurança jurídica, de maneira a preservar os valores do Estado de Direito.

[112] Disponível em: https://www.conjur.com.br/2019-out-24/leia-voto-ministro-barroso-prisao-segunda-instancia. Acesso em 02/11/19.

[113] MELLO, Marco Aurélio. Voto no Recurso Extraordinário 565.089 São Paulo. Brasília, DF: Supremo Tribunal Federal, 09 jun. 2011, p. 9. Fonte: https://www.stf.jus.br/arquivo/cms/noticiaNoticiaStf/anexo/RE565089.pdf. Acesso em: 20 out. 2022.

Na proposta de Richard Posner, segundo José Vicente dos Santos de Mendonça[114], o pragmatismo possui seis características: (i) é eclético (não possui preocupação com ideologias e, desta forma aceita sem trauma contribuições dos mais diversos saberes, substituindo sempre a pergunta "é teoricamente compatível?" por "funciona na prática?"); (ii) instrumental (visa a distribuição de bens ou a recomposição de estados operada por intermédio do Direito); (iii) contextual (a decisão pragmaticamente correta de hoje pode não ser a de amanhã e não será estática); (iv) antiformalista (parte do pressuposto de que normas escritas ou precedentes não devem ser observados por si mesmos, mas apenas quando produzir os melhores efeitos casuísticos e sistêmicos); (v) empírico (quer ver resultados); e (vi) usa da retórica.

> O pragmatismo, ainda para José Vicente dos Santos de Mendonça[115], também possui severas críticas tais como:
>
> (i) estímulo à ampla discricionariedade judiciária ao ignorar a força dos precedentes e ao não se submeter ao Direito legislado;
> (ii) a concretização dos melhores resultados possíveis não emprestaria suficiente respeito aos direitos fundamentais, que viriam a ser trunfos diante de considerações utilitaristas;
> (iii) o pragmatismo seria incompleto porque manda decidir da melhor forma possível sem indicar nenhum critério do que isso viria a ser;
> (iv) estimularia negativamente o Legislativo quanto à qualidade das leis que este viria a produzir;
> (v) visões instrumentalistas do Direito, tal qual o pragmatismo, propiciariam a corrosão da ideia de bem comum, acarretando consequências negativas para a noção de Estado de Direito (redução da natureza vinculante das normas jurídicas, facilitação da captura das autoridades decisórias, intensificação e perenização da litigiosidade na sociedade).

114 Mendonça, José Vicente Santos de. *Direito constitucional econômico: a intervenção do Estado na economia à luz da razão pública e do pragmatismo.* 2ª ed. Belo Horizonte: Fórum, 2018. pp. 28-103.

115 Mendonça, José Vicente Santos de. *Direito constitucional econômico: a intervenção do Estado na economia à luz da razão pública e do pragmatismo.* 2ª ed. Belo Horizonte: Fórum, 2018. pp. 28-103.

Fernando Leal também apresenta outras críticas ainda mais tenazes, no sentido de que o direito pode ser utilizado para concretizar interesses pessoais ou de certos grupos, tornando-se uma casca vazia manipulável e preenchível com qualquer tipo de conteúdo para o alcance de quaisquer finalidades ou, pior ainda, pode-se buscar e privilegiar a alternativa de decisão que produzirá, em cada problema enfrentado, os melhores efeitos entendidos como necessários para a realização do fim almejado pelo decisor e ser estrategicamente manuseado para garantir uma falsa aparência de juridicidade às escolhas instrumentais do juiz[116].

Portanto, ainda é necessária uma discussão acerca da teoria pragmática do Direito, o que faremos nas considerações finais deste livro, mas Stephen Breyer, juiz da Suprema Corte americana desde 1994, traz um norte acerca da imprescindibilidade de se atentar ao espírito democrático da Constituição tais como linguagem, fontes históricas, precedentes, finalidades da norma e consequências concretas, sem prejuízo da autocontenção judicial e da seletividade para exclusivamente garantir as condições da própria democracia e a maior participação dos cidadãos (ampliar a participação de parcelas ideológicas e grupos sociais nas eleições); favorecer o federalismo cooperativo, assim como ser deferente às interpretações administrativas das agências reguladoras[117].

Em suma, ser pragmático não é sinônimo de apontar quais são as melhores consequências em um determinado caso a partir de uma opinião particular, mas sim a partir de estudos que deverão ser sopesados por intermédio das lentes dos valores constitucionais.

Impende realçar que não se trata de proposta para descambarmos ao subjetivismo, porque devemos ter em mente a essencialidade da segurança jurídica, mas ao assumir as consequências e as finalidades da norma como critérios importantes para a decisão, haverá transparência exposta à crítica, mas que demanda a criação de *standards* para a sua aplicação[118].

[116] LEAL, Fernando. *Juízes pragmáticos são necessariamente juízes ativistas?* Revista Brasileira de Direito, Passo Fundo, vol. 17, nº 1, e4456, janeiro-abril, 2021. Fonte: https://seer.atitus.edu.br/index.php/revistadedireito/article/view/4456/2767. Acesso em 09 mar. 2022.

[117] BREYER, Stephen. *Active liberty: interpreting our democratic constitution*. New York: Vintage Books, 2006. pp. 3-34.

[118] Para Gustavo Justino de Oliveira, "pragmatismo pode ser compreendido como uma corrente filosófica datada do século 19, que nasceu da crítica à abstração e à metafísica tradicional. Mais tarde, despontou nos Estados Unidos o movimento conhecido como realismo jurídico

Por esta razão concordamos com Fernando Leal no sentido de que deve haver uma atuação pragmática com temperamentos, isto é, dotada de autocontenção, totalmente despida de conceitos abstratos e normativamente carregados, tais como "democracia" e "separação de poderes", além de raciocínios inversos a partir de considerações sobre os possíveis efeitos positivos de uma postura judicial autocontida[119].

Ultrapassados estes dois requisitos, no âmbito pragmático deverão ser adotados métodos de interpretação e posturas decisórias dependentes de considerações consequencialistas dinâmicas, análises empíricas e comparações entre capacidades institucionais aferíveis nos limites do

ou jurisprudência sociológica, capitaneado por Roscoe Pound, Benjamin Cardozo e Oliver W. Holmes; o realismo jurídico, cujo cerne está na possibilidade dada ao juiz para julgar tendo em vista as consequências da decisão, foi responsável por uma maximização do poder judicial e das decisões invalidadas pela Suprema Corte americana. Esse movimento renasceu nos fins do século 20 sob a denominação de pragmatismo jurídico, dotado de três características fundamentais, quais sejam: 1) contextualismo; 2) consequencialismo; e 3) antifundacionalismo. A primeira significa que toda proposição deve ser julgada tendo como base as necessidades humanas e sociais; a segunda pressupõe o teste de cada proposição mediante a antecipação dos resultados; por fim, a terceira característica é a rejeição à metafísica, à abstração e à imutabilidade do direitoO intérprete ou juiz pragmatista adota um método comparativo-consequencialista, ao comparar as várias alternativas apresentadas como solução a uma lide e optar por aquela cujos resultados representem o melhor interesse possível às necessidades humanas e sociais. Para alcançar esse tipo de decisão, o pragmatista vai além da letra da lei: ele se guia por orientadores éticos e políticos, bem como por outras áreas do conhecimento, como a sociologia e a economia. Não quer dizer que o pragmatista despreze as fontes formais do Direito e a própria lei em si; estes servem, na verdade, como um ponto de partida, mas a finalidade que se almeja alcançar é a satisfação das necessidades humanas e sociais, tendo em vista termos econômicos, sociais e políticos. Embora seja considerado característica ou braço do pragmatismo, o consequencialismo também pode despontar como modelo teórico autônomo, partindo da premissa segundo a qual a avaliação de uma proposição deve levar em conta os resultados práticos produzidos. Consequencialismo é a teoria segundo a qual as consequências de determinada conduta (ou decisão) constituem a base para que se façam juízos a respeito; diferencia-se, assim, do pragmatismo, que tem o consequencialismo como uma de suas características fundamentais, mas possui compromisso com a razoabilidade". Fonte: https://www.justinodeoliveira.com.br/noticias/uma-nova-coluna-para-um-novo-direito-administrativo/#:~:text=Consequencialismo%20%C3%A9%20a%20teoria%20segundo,com%20a%20razoabilidade%20%5B7%5D. Acesso em 16.05.2021.

119 LEAL, Fernando. *Juízes pragmáticos são necessariamente juízes ativistas?* Revista Brasileira de Direito, Passo Fundo, vol. 17, nº 1, e4456, janeiro-abril, 2021. Fonte: https://seer.atitus.edu.br/index.php/revistadedireito/article/view/4456/2767. Acesso em 09 mar. 2022.

funcionamento de um arranjo institucional específico, isto é, devem ser projetados os efeitos das alternativas decisórias que se colocam diante de um problema jurídico a longo prazo, analisando-se os seus efeitos sistêmicos[120].

Um caso interessante do TCU que demonstra como não utilizar o pragmatismo e o consequencialismo ocorreu no Acórdão 1370/2023, em que foram analisadas as alternativas presentes no sistema jurídico brasileiro para o manejo diferenciado da responsabilização pela reparação do dano às pessoas físicas e das situações em que tal abordagem diferenciada poderia ser aplicada.

Passou-se a discutir não mais se aplicar a regra geral da solidariedade na imputação do dano às pessoas físicas que colaboraram em sede de acordo de leniência ou acordo de delação premiada, cotizando-se a responsabilidade pelo débito ao distingui-las das demais pessoas físicas e jurídicas que continuariam a responder solidaria e integralmente pelo valor do dano.

Foram ponderados diversos fundamentos jurídicos e preocupações de ordem, em tese, "pragmáticas", para concluir que eventual mudança de jurisprudência do TCU no sentido de limitar a imputação do dano à capacidade de pagamento da pessoa física não seria uma medida apta ao atendimento dos reclamos de justiça, dada a lógica da responsabilidade civil, que impõe que o causador do dano deve repará-lo integralmente, tampouco contribuiria para o incremento da eficácia da atividade de recomposição dos prejuízos sofridos pelo erário federal.

A justificativa, em tese, "pragmática", para negar a mudança de jurisprudência teve por base o Relatório Anual de Atividades do Tribunal de 2022, em que se constatou uma imputação, entre débitos e multas, de quase 6 bilhões de reais, mas ao mesmo tempo a baixa efetividade da cobrança destes valores imputados aos responsáveis a título de reparação do dano (e igualmente os valores decorrentes da aplicação de multas), a despeito de possuir diversos instrumentos dotados de autoexecutoriedade, tais como as sanções de inidoneidade e de proibição de contratar com o poder público, dentre outras, na medida em que se depende em grande parte da execução judicial do respectivo acórdão condenatório.

[120] LEAL, Fernando. *Juízes pragmáticos são necessariamente juízes ativistas?* Revista Brasileira de Direito, Passo Fundo, vol. 17, nº 1, e4456, janeiro-abril, 2021. Fonte: https://seer.atitus.edu.br/index.php/revistadedireito/article/view/4456/2767. Acesso em 09 mar. 2022.

O TCU atribuiu a baixa efetividade à reserva da jurisdição, ou seja, porque a execução do título executivo extrajudicial não pode ser feita em sede administrativa diretamente pelo Tribunal, dependendo da atuação de atores externos tais como a Advocacia-Geral da União e a Justiça Federal.

Assim, exceto nos casos em que há parcelamento do débito perante o TCU ou o pagamento tempestivo, haveria uma crise de efetividade, pois a imputação de débitos de elevada monta a pessoas físicas é medida por completo ineficaz, na medida em que os pagamentos feitos após o envio da cobrança aos órgãos da AGU são muito baixos, conforme dados diretamente extraídos do Siafi feitos com os códigos de recolhimento gerados pela Procuradoria-Geral da União e pela Procuradoria-Geral Federal, cuja taxa de recuperação se manteve, na média, em 1,71% entre 2017 a 2021.

Desta feita, a integral reparação do dano e o correspondente uso do instituto da solidariedade não permitiriam espaço interpretativo para que a imputação do débito fosse tratada de forma diferenciada aos responsáveis que tivessem colaborado, ou ainda, que tivessem obtido maior ou menor benefício econômico com a prática irregular.

Com todas as vênias, entendemos que a correlação não foi a mais adequada por parte do TCU e, portanto, não é possível afirmar uma adequada utilização do pragmatismo ou do consequencialismo, constatando-se que ainda há necessidade de aperfeiçoamento institucional do tema a partir das premissas alhures expostas e, principalmente, sobre a importância de utilizar por analogia os mecanismos da OCDE sobre Melhoria da Qualidade Regulatória (*Recommendation on Improving the Quality of Government Regulation*)[121], cujo roteiro pode ser um norte à construção de standards:

- buscar resolver problemas e alcançar metas claramente definidas e ser eficaz na consecução desses objetivos;
- ser fundamentada em evidências e proporcional ao problema identificado;
- estar fundamentada em uma base legal sólida;
- produzir benefícios que justifiquem os custos;

[121] Fonte: https://legalinstruments.oecd.org/public/doc/128/128.en.pdf. Acesso em: 5 jul. 2019.

- considerar a distribuição dos seus efeitos entre os diferentes atores e grupos;
- ser elaborada de modo transparente, com procedimentos adequados para a manifestação efetiva e tempestiva de atores e grupos interessados; e
- considerar os incentivos e mecanismos para alcançar os efeitos desejados, incluindo estratégias de implementação que potencializem seus resultados.

Outro ponto que demonstra a necessidade de aprimoramento da transparência em relação às metodologias de mensuração consta do Relatório de Gestão 2018[122] do Tribunal de Contas da União, no trecho em que sugere ter havido economia[123] aos cofres públicos com suas atividades, excluídas as condenações em débito e multas aplicadas.

É necessário destacar que a própria Corte reconhece a dificuldade de quantificar os benefícios das ações de controle externo, na medida em que decorrem da prevenção do desperdício, de melhorias na alocação de recursos, da sugestão de aprimoramento de leis, da redução de danos ambientais e da melhoria de políticas públicas.

No entanto, sem deixar muito claro em algumas hipóteses como sua atuação foi determinante em termos de economia, a fim de evitar ou reduzir prejuízos para a Administração Pública, reputa passível esse cálculo, conforme quadro a seguir extraído de seu relatório:

[122] Fonte: https://portal.tcu.gov.br/biblioteca-digital/relatorio-de-gestao-2018.htm. Acesso em: 16 out. 2019.

[123] Corroborando a importância que o Tribunal de Contas da União atribui ao Direito Econômico, recentemente alterou a forma de cálculo de dano ao erário em casos de cartel em licitações, passando a utilizar uma metodologia de uso de estudos econométricos, em vez da tradicional forma de engenharia de custos em uma Tomada de Contas Especial instaurada para apurar superfaturamento num contrato na Refinaria Henrique Lage (Revap), do Consórcio Gasvap, formado pela Odebrecht S.A., Promon Engenharia Ltda. e UTC, com a Petrobras, de relatoria do Ministro Benjamin Zymler. Fonte: https://www.jota.info/justica/tcu-inova-e-muda-metodologia-de-calculo-de-dano-em-casos-de-cartel-11112019. Acesso em: 11 out. 2019.

TABELA 3 – **Benefícios financeiros das ações de controle no período de 2014 a 2018**

2014	R$ 6.126.910.800,75
2015	R$ 23.884.600.607,44
2016	R$ 9.693.196.813,29
2017	R$ 10.907.140.483,73
2018	R$ 25.104.319.958,66

Essa mensuração em valores (bilhões) ocorre inclusive nas hipóteses em que concede cautelares:

TABELA 4 – **Medidas cautelares concedidas no período de 2014 a 2018**

Tipo de medida	2014	2015	2016	2017	2018
Suspensão de contratos	18	19	10	16	14
Suspensão de licitação	48	49	43	56	58
Suspensão de repasse/pag.	10	8	15	10	10
Outras	4	4	12	3	11
Total de cautelares	80	80	80	85	113
(Valores envolvidos – R$ bilhões)	**19,303**	**6,991**	**47,119**	**20,947**	**66,076**

Entendemos que essa apresentação nos Relatórios deveria vir acompanhada de uma análise pormenorizada em termos metodológicos, dispondo sobre o que é levado em consideração nesses resultados (qualificação dos dados); sua valoração (consequências positivas e negativas); e os benefícios e custos[124] que as fiscalizações e paralisações de obras impactaram.

Com as argumentações referidas, rememoramos as advertências de Floriano de Azevedo Marques Neto[125], que não se está a justificar qualquer argumentação no sentido de ser leniente com qualquer ilegalidade.

[124] MENDONÇA, José Vicente dos Santos de. *Direito constitucional econômico*: a intervenção do Estado na economia à luz da razão pública e do pragmatismo cit., p. 371.

[125] MARQUES NETO, Floriano de Azevedo. *Os grandes desafios do controle da Administração Pública* cit., p. 730.

Pelo contrário. O ponto nevrálgico é verificar o resultado da atuação do Tribunal de Contas da União relativamente a custos e benefícios, dotando a atividade de controle crítico, pragmático e responsivo, pois ter compromisso com os resultados é na verdade tirar o controle do autismo institucional e, por conseguinte, fortalecê-lo.

Por último, há importante discussão sobre a correta intelecção do conceito de erro grosseiro prenunciado no artigo 28[126] da Lei de Introdução às Normas do Direito Brasileiro, com as alterações da Lei nº 13.655 com entrada em vigor no dia 28 de abril.

Desta forma, em pesquisa desde sua entrada em vigor foram localizados mais de dois mil acórdãos abordando o tema e as decisões parecem equiparar erro grosseiro à culpa grave que resulta em inobservância do dever de cuidado e zelo com a *res publica*[127]. Mais recentemente o Ministro Anastasia defende erro grosseiro como culpa grave sob a ótica do homem médio, isto é, um nível de diligência normal no desempenho de suas funções, considerando os obstáculos e dificuldades reais que se apresentavam à época do ato impugnado.

Não obstante, estamos a tratar aqui de Direito Administrativo Sancionador, cuja origem é o Direito Penal, e a diferença de tutela do bem jurídico no primeiro é relevante, mas não a ponto de cercear a liberdade.

Desta forma, o conceito de homem-médio na doutrina mais moderna aduz ser necessário que as circunstâncias do caso concreto, bem como o grau de instrução do agente, devem ser consideradas a fim de se concluir se seria evitável ou não o erro grosseiro, o que demanda uma análise do tema mais próxima do regime jurídico sancionatório penal, na linha do que foi reconhecido mais recentemente pelo Supremo Tribunal Federal quando do julgamento das inovações contidas na Lei de Improbidade Administrativa[128].

[126] Art. 28. O agente público responderá pessoalmente por suas decisões ou opiniões técnicas em caso de dolo ou erro grosseiro.

[127] Acórdão 2391/2018, Plenário, Relator Ministro Benjamin Zymler; Acórdão 2924/2018, Plenário, Relator Ministro José Mucio Monteiro; Acórdãos 957/2019, 1.264/2019 e 1.689/2019, todos do Plenário, Relator Ministro Augusto Nardes.

[128] Nesta senda, transcrevemos excerto do voto do Ministro Gilmar Mendes no julgamento da Repercussão Geral nº 1199: "Reservadas as devidas vênias, não comungo do entendimento daqueles que posicionam os atos de improbidade administrativa exclusivamente no âmbito do direito civil, negligenciando o seu inequívoco caráter sancionador, bem como a profunda

Em sentido diametralmente oposto, isto é, que há coerência no padrão decisório trazemos o artigo de autoria da Gabriela Duque[129] em que o Plenário do TCU, por intermédio dos Acórdãos nº 1.735/2022 e 2.798/2022, respectivamente de relatorias dos Ministros Vital do Rego e Augusto Sherman, afirmou não deter competência para alterar restrição de acesso a informações produzidas ou custodiadas pela administração pública, especificamente no que tange ao estoque de insumos estratégicos em saúde no âmbito do Ministério e o financiamento da exportação de serviços de engenharia pelo Banco Nacional de Desenvolvimento Econômico e Social.

O voto do Ministro vital do Rêgo foi expresso ao reconhecer a incompetência da Corte para atuar como instância revisora da classificação atribuída pelo Ministério da Saúde, uma vez que a LAI estabeleceu a possibilidade de reavaliação da classificação – seja pela própria autoridade classificadora ou autoridade hierarquicamente superior - mediante provocação ou de ofício (art. 29) , a apresentação de pedido de desclassificação ao Ministro de Estado, em grau recursal (art. 17) , ou mesmo a revisão da classificação – no caso de secretas e ultrassecretas – pela Comissão Mista de Reavaliação de Informações (CMRI – art. 35, II), que é a instância colegiada, interministerial, composta por integrantes de diversos órgãos do Poder Executivo Federal (art. 46 do Decreto 7.724/2012) .

Em paralelo, negado o acesso a informações sigilosas, é cabível recurso à Controladoria-Geral da União (CGU), órgão de controle ao qual foi dada

conexão entre o direito sancionador e o direito penal. Conforme fiz ver no julgamento da Rcl 41.557/SP (DJe de 10/03/2021), a relação entre direito penal e direito administrativo sancionador revela um nódulo problemático do sistema penal com o qual a doutrina especializada vem se ocupando desde o início do século XX, quase coincidindo com o desenvolvimento da própria dogmática jurídico penal moderna, que foi impulsionada por nomes como Binding, v. Liszt e Beling. O ponto central de tensão, para além de traçar uma diferenciação formal e material entre o ilícito penal e o ilícito administrativo – algo que foi objeto de preocupação da doutrina desde a publicação de Das Verwaltungsstrafrecht, por Goldschmidt, em 1902 – é a limitação do jus puniendi estatal por meio do reconhecimento (1) da proximidade entre as diferentes esferas normativas e (2) da extensão de garantias individuais tipicamente penais para o espaço do direito administrativo sancionador".

[129] DUQUE, Gabriela. *Pode o TCU levantar sigilo aposto pelo Poder Executivo a informações?* https://www.jota.info/opiniao-e-analise/colunas/controle-publico/pode-o-tcu-levantar-sigilo-aposto-pelo-poder-executivo-a-informacoes-08022023

a prerrogativa legal para atuar na dinâmica do tratamento da informação (art. 16).

Para Gabriela Duque, entretanto, desde 2019 o TCU entendia ser de sua alçada reclassificar e levantar diretamente o sigilo aposto a informações pelo Executivo, conforme arestos 423/2019 e 2.458/2019, todos do plenário.

Todavia, os acórdãos acima não dispunham sobre documentos classificados à luz da Lei nº 12.527/2011, mas sim de sigilos comerciais impostos aos orçamentos da Petrobrás em sua fase interna e que não poderiam ser opostos ao exercício do contraditório e da ampla-defesa.

Contudo, o TCU não retirou desses documentos o atributo de sigilo perante terceiros, mas impôs aos que tiverem acesso às informações sigilosas o cuidado necessário à sua guarda, sob pena de responsabilização por negligência.

Registre-se que há menção expressa à competência do TCU para requisição destes orçamentos no §3º do artigo 34 da Lei nº 13.303/2016 que, a despeito da informação relativa ao valor estimado do objeto da licitação possuir caráter sigiloso, pode ser "disponibilizada a órgãos de controle externo e interno, devendo a empresa pública ou a sociedade de economia mista registrar em documento formal sua disponibilização aos órgãos de controle, sempre que solicitado".

Desta forma, entendemos que os padrões decisórios estão corretos nesta hipótese, ao contrário do que Gabriela Duque menciona e que o TCU, à luz de suas atribuições constitucionais previstas no art. 70[130] pode e deve levantar sigilos que não obedeçam os ditames da LAI, merecendo readequação de seu padrão pontualmente neste tema.

1.4.3.3. Transparência na edição de atos normativos que tenham impacto na economia

Ultrapassado o pragmatismo a ser utilizado nas decisões proferidas pelo TCU, passemos aos seus atos normativos expedidos com a seguinte

[130] Art. 70. A fiscalização contábil, financeira, orçamentária, operacional e patrimonial da União e das entidades da administração direta e indireta, quanto à legalidade, legitimidade, economicidade, aplicação das subvenções e renúncia de receitas, será exercida pelo Congresso Nacional, mediante controle externo, e pelo sistema de controle interno de cada Poder.

pergunta: a exigência de uma análise pragmatista se aplicaria para todo e qualquer ato normativo emanado do TCU?

Sim, mas principalmente naqueles temas relacionados à desestatização, privatização, concessão e à regulação de serviços públicos.

Vejamos o caso do Centro Nacional de Tecnologia Eletrônica Avançada S.A., criado em 2008 voltado à de semicondutores, microeletrônica (única produtora de chips na América Latina), e o controle externo de sua desestatização a partir de estudo elaborado por Mariana Carvalho e Daniel Bógea[131].

Segundo ambos os autores, em 2019 o Ceitec foi qualificado no Programa de Parcerias de Investimentos (PPI) e incluído no Programa Nacional de Desestatização no ano subsequente, por meio do Decreto 10.578, abrangendo sua dissolução societária.

A partir do Decreto teve início o trâmite para a desestatização, incluindo o processo administrativo junto ao Tribunal de Contas da União (TC 020.973/2020-9). Desde então, o tema já passou por quatro apreciações em plenário (Acórdãos 2061/2021-P, 2792/2021-P, 734/2022-P e 2327/2022-P), mantendo-se suspenso o seu processo de liquidação.

Com a posse do novo governo no dia 07/02/2023 foi criado por intermédio do Decreto nº 11.409 um grupo interministerial para avaliar a reversão da desestatização e liquidação da empresa pública CEITEC, o que demonstra haver a necessidade de um controle externo que defina prazos para apreciações em seu Plenário, por intermédio de alteração no Regimento Interno, por exemplo.

Ou seja, a morosidade da análise pelo TCU inclusive ensejou a reversão da decisão. É importante destacar que concordamos com Daniel Bógea e Mariana Carvalho no sentido de havia opacidade no processo decisório governamental que impulsionou a tentativa de privatização desses ativos públicos, mas por se tratar de questões estratégicas do ponto de vista econômico deve haver um prazo definido em normativo para essa análise no âmbito do TCU.

Utilizando os instrumentos do pragmatismo deveria haver uma ponderação do custo benefício dessas exigências por meio da identificação

[131] CARVALHO, Mariana. BÓGEA, Daniel. *Liquidação do CEITEC no TCU.* Fonte: https://www.jota.info/opiniao-e-analise/colunas/controle-publico/liquidacao-do-ceitec-no-tcu-16112022. Acesso em 16.11.2022.

das consequências positivas e negativas em se remeter novamente ao governo o processo decisório para a revisão dos argumentos relacionados à desestatização ou, se, por tratar de mérito administrativo, deixar essa argumentação exclusivamente ao arbítrio do Poder Executivo, restando ao TCU somente a análise de aspectos formais decorrentes de legalidade, economicidade, etc.

Nesta linha, é importante destacar que podemos utilizar por analogia no pragmatismo dois métodos usuais previstos na Análise de Impacto Regulatório: a análise de custo-benefício (identifica, lista e atribui valores, monetários ou não, às consequências positivas e negativas da linha de atuação pretendida e hierarquiza opções) e a análise de custo-efetividade (foca hipóteses nas quais as metas estão predeterminadas, isto é, qual alternativa de regulação, daquelas capazes de obter o resultado determinado, será a menos onerosa em termos de custo social global)[132].

Por conseguinte, há opções no tocante à metodologia da Análise de Impacto Regulatório que devem obviamente ser aplicadas por analogia pela Corte de Contas, mas a escolha por qualquer uma delas lhe trará como benefício o aumento da segurança jurídica e uma análise pragmática que leve em consideração não somente a letra fria da lei, mas também as consequências econômicas de sua atuação[133], inclusive para eventuais compensações necessárias, nos termos da redação do artigo 27 da Lei de Introdução às Normas do Direito Brasileiro, que reconheceu a necessidade de retribuições de custos e externalidades processuais, em razão de medidas cujos efeitos sejam danosos[134].

[132] MENDONÇA, José Vicente dos Santos de. *Direito constitucional econômico*: a intervenção do Estado na economia à luz da razão pública e do pragmatismo cit., p. 372.

[133] Sobre a análise pragmática, que abrange o antifundacionalismo (as verdades são criadas, mutantes, não eternas, parciais e método pragmatista, por avaliar teorias por suas consequências, abandona posições teóricas, fixas), o consequencialismo (prioriza as consequências do ato) e o contextualismo (é o destaque do contexto social, político, histórico e cultural), José Vicente Santos de Mendonça elaborou um aprofundado estudo e criou uma proposta de pragmatismo aplicável ao Direito Constitucional Econômico (*Direito constitucional econômico*: a intervenção do Estado na economia à luz da razão pública e do pragmatismo cit.).

[134] SUNDFELD, Carlos Ari; VORONOFF, Alice. *Art. 27 da LINDB: quem paga pelos riscos dos processos?*. Fonte: http://bibliotecadigital.fgv.br/ojs/index.php/rda/article/view/77654/74317. Acesso em: 4 de jun. 2019.

No tocante à prévia elaboração normativa, o artigo 3.º da Lei Orgânica do Tribunal de Contas da União estabelece que, no âmbito de sua competência e jurisdição (entendemos correto o uso do termo circunscrição, pois qualquer decisão dos Tribunais de Contas pode ser submetida a controle jurisdicional), a Corte possui o poder regulamentar[135] para expedir atos e instruções normativas acerca de suas atribuições, além de dispor sobre a organização dos processos que lhe devam ser submetidos.

Com amparo nesse dispositivo, o artigo 67 do Regimento Interno do Tribunal de Contas da União enunciou as deliberações do Plenário que podem ter a forma de: (i) instrução normativa (disciplina matérias que envolvam pessoas físicas, órgãos ou entidades sujeitas à jurisdição do Tribunal); (ii) resolução (regulamenta assuntos relacionados ao Regimento Interno ou à estrutura, atribuições e funcionamento, ou outras que, dentro da esfera de discricionariedade do Tribunal, devam revestir-se dessa forma); ou, ainda, (iii) decisão normativa (para fixação de critérios ou orientações que não justificam a expedição de instrução normativa ou resolução).

O Regimento Interno dispõe em seus artigos 72 e seguintes que toda apresentação de projeto concernente a enunciado de súmula, instrução normativa, resolução ou decisão normativa seja realizada em Plenário, exclusivamente por iniciativa dos Ministros, Ministro-Substituto, membro do Ministério Público de Contas, ou pelas Comissões de Regimento e Jurisprudência, sempre acompanhado das justificações, considerando-se aprovada quando houver consenso pela maioria absoluta dos votos do Plenário (artigo 81).

Repare-se que atualmente não há nada no Regimento Interno dispondo sobre esse devido procedimento na elaboração normativa com a participação dos atores fiscalizados pelo Tribunal de Contas da União, mas ao mesmo tempo, desde 2011, reconhece-se a importância da Análise

[135] Em que pese o Poder Regulamentar pertencer ao Poder Executivo, utilizaremos essa acepção em razão de sua previsão expressa na Lei n.º 8.443/1992, com a certeza de que o legislador quis referir-se a uma competência administrativa normativa, ou seja, vedou a edição de regulamentos autônomos e muito menos invasores da competência Legislativa. BARROSO, Luis Roberto. *Tribunais de contas: algumas incompetências. Revista de Direito Administrativo,* Rio de Janeiro, p. 131-140, jan./mar. 1996.

de Impacto Regulatório[136], especificamente no tocante às Agências Reguladoras que são obrigadas a proceder desta forma, nos termos da Lei nº 13.848/2019[137] e seu Decreto nº 10.411/2020.

Por qual razão aplicando o viés pragmático previsto na LINDB não se poderia utilizar por analogia, de forma a lhe atribuir um norte decisório, os mecanismos da AIR?

Em que pese não haver legislação expressa acerca dessa exigência aos Tribunais de Contas, a LINDB é direcionada ao controle externo que pode utilizar os mecanismos do AIR por analogia em suas decisões para que os atos com impacto na ordem econômica, tais como instruções normativas relacionadas à desestatização[138] e à regulação de serviços públicos [tanto na outorga do ato delegatório (aqui contemplando os aspectos legais, a

[136] "O uso de avaliação é fundamental para melhorar a qualidade das decisões e ações dos reguladores. Isso inclui determinar o impacto das ações dos reguladores. A avaliação de desempenho pode ser realizada *a priori* ou *a posteriori*. Uma análise *a priori* consiste em uma Análise de Impacto Regulatório. Uma análise *a posteriori* inclui a avaliação da consecução dos objetivos dos reguladores por meio da avaliação do impacto social e econômico e relativo aos poderes e recursos que lhe são designados. Isso é fundamental para as instituições financiadas pelos cofres públicos que têm a obrigação de prestar contas" (Acórdão n.º 2.261/2011, Plenário, Rel. Min. José Jorge).

[137] Art. 6º A adoção e as propostas de alteração de atos normativos de interesse geral dos agentes econômicos, consumidores ou usuários dos serviços prestados serão, nos termos de regulamento, precedidas da realização de Análise de Impacto Regulatório (AIR), que conterá informações e dados sobre os possíveis efeitos do ato normativo.

[138] A desestatização é um processo por meio do qual a prestação de um serviço público, que era antes realizada pelo governo, passa a ser realizada pelo setor privado e pode ocorrer mediante a privatização que envolve a venda de uma empresa estatal (e de seus ativos) à iniciativa privada (que não retornam mais ao Poder Público). O Governo, nessa hipótese, recebe um preço na venda, que será definido em leilão competitivo, após a realização de estudos técnicos que calculem o preço justo da empresa a ser alienada. ou concessão. A privatização pode se dar em setores regulados, nos quais a empresa privada operará sob condições e tarifas controladas por agências reguladoras. Independentemente da modalidade, a desestatização pode beneficiar os usuários pela oferta de serviços de melhor qualidade e com nível de serviço especificado em contrato. Beneficia também o Poder Público, primeiro pelo alívio de altos investimentos – uma vez que essa obrigação é assumida pelo setor privado –, e segundo pelo recebimento de impostos e contribuições ao longo da atuação das concessionárias e empresas privatizadas. A concessão ocorre quando os ativos são utilizados pelo parceiro privado durante a vigência da concessão e retornam ao Poder Concedente ao final do contrato. Nesse caso, o concessionário pode ter que pagar ao Governo um valor (outorga onerosa) pelo direito de explorar a concessão. Fonte: https://www.gov.br/economia/pt-br/orgaos/seppi/

viabilidade técnica, econômica e financeira das condições de transferência do serviço público, bem como as implicações ambientais inerentes ao negócio em questão) quanto na execução do contrato], atribuindo-lhes maior racionalidade e adequação, como reconhecimento de um direito fundamental à boa administração, principalmente em termos de controle dos meios[139].

Inclusive porque durante a execução contratual das outorgas de serviços públicos há um controle por meio de auditorias e inspeções, além do exame de relatório consolidado de acompanhamento elaborado pelos órgãos concedentes federais. E no caso das concessões de distribuição de energia elétrica, as revisões tarifárias periódicas, tendo em vista a sua relevância durante a execução dos contratos, são regidas inclusive por uma Instrução Normativa do TCU (nº 43/2002) que estabelece um controle concomitante dos procedimentos adotados pela agência reguladora, de duvidosa legalidade, uma vez que o modelo de controle adotado na Constituição Federal é *a posteriori* (e não concomitante).

Apenas de forma a melhor explicar as metodologias da AIR e a sua utilização no âmbito do pragmatismo previsto na LINDB, como parâmetro objetivo decisório, ressaltamos previamente que se trata de um procedimento desenvolvido a partir das experiências[140] nos Estados

perguntas-frequentes#:~:text=Nesse%20caso%2C%20o%20concession%C3%A1rio%20pode,retornam%20mais%20ao%20Poder%20P%C3%BAblico).

[139] MARQUES NETO, Floriano de Azevedo. *Os grandes desafios do controle da Administração Pública. Fórum de Contratação e Gestão Pública – FCGP*, Belo Horizonte, ano 9, n. 100, p. 730, abr. 2010. Fonte: https://www.editoraforum.com.br/wp-content/uploads/2016/10/desafios-controle.pdf. Acesso em: 4 de ago. 2019.

[140] "O pioneirismo dos EUA na AIR se dá com a criação, nos anos 70, do *Office of Management and Budget*, e, posteriormente, do *Office of Information and Regulatory Affairs*, ambos ligados à Casa Branca. Em 1974, no governo Nixon, publica-se a Ordem Executiva n.º 11.821, a qual obriga a avaliação do impacto inflacionário das medidas regulatórias. Contudo, o grande marco normativo da AIR, nos EUA, é a Ordem Executiva n.º 12.291, editada durante o governo Reagan, a qual introduziu, no Ordenamento americano, o uso do método da análise de custo-benefício, com o propósito de reduzir o fardo regulatório, aumentar a *accountabilty* das agências reguladoras, estimular a supervisão presidencial do processo regulatório, e diminuir as regulações duplicadas ou conflituosas". MENDONCA, Jose Vicente dos Santos de. *Direito constitucional econômico: a intervencao do Estado na economia a luz da razao publica e do pragmatismo*. 2. ed. Belo Horizonte: Forum, 2018. p. 370.

Unidos[141], por intermédio do *Office of Information and Regulatory Affairs*, e na Europa[142] (Comissão Europeia), cujo objetivo é dar maior racionalidade ao processo de elaboração de normas, o qual poderá ocorrer antes da edição de um ato normativo, durante e após sua vigência[143].

Em verdade, trata-se de um procedimento administrativo que busca conferir maior racionalidade na prévia edição de atos normativos.

Nessa senda, é necessária a definição de critérios prévios para a elaboração da justificativa de uma Análise de Impacto Regulatório, tais como (i) o planejamento e a avaliação do impacto normativo, mediante audiências públicas; (ii) a compreensibilidade do texto, sua redação e organização interna quanto a eventual compilação ou aperfeiçoamento dos atos já existentes[144]; (iii) a legitimidade democrática (juridicidade) do ato normativo no tocante à obediência ao ordenamento jurídico; (iv) sua capacidade de ser eficaz e de alterar a realidade, por meio de mecanismos de avaliação e acompanhamento, tudo isso visando aumentar a segurança jurídica, nos termos do artigo 30 da Lei de Introdução às Normas do Direito Brasileiro.

A Organização para a Cooperação e Desenvolvimento Econômico (OCDE) tem dedicado atenção ao estudo e registro do tema, por meio da Recomendação sobre Melhoria da Qualidade Regulatória (*Recommendation on Improving the Quality of Government Regulation*)[145], e propôs um roteiro segundo o qual a boa regulação deve ocorrer:

- buscar resolver problemas e alcançar metas claramente definidas e ser eficaz na consecução desses objetivos;

[141] Disponível em: http://regulatoryreform.com/wp-content/uploads/2015/02/USA-Circular-a-4_regulatory-impact-analysis-a-primer.pdf. Acesso em: 30 set. 2019.

[142] Fonte: https://ec.europa.eu/info/files/better-regulation-guidelines_en. Acesso em: 30 set. 2019.

[143] Para Héctor Maíral, trata-se de um instrumento de combate à corrupção, na medida em que a autoridade que exercer sua atribuição deverá apresentar uma diretriz dos objetivos a serem atingidos, e os interessados enviar suas análises e comentários às autoridades, que deverão levar em consideração as observações formuladas que forem atinentes. (*As raízes legais da corrupção ou como o direito público fomenta a corrupção em vez de combatê-la*. Sao Paulo: Contracorrente, 2018. p. 113-126).

[144] BARCELLOS, Ana Paula de. *Direitos fundamentais e direito à justificativa*: devido procedimento na elaboração normativa cit., p. 78.

[145] Fonte: https://legalinstruments.oecd.org/public/doc/128/128.en.pdf. Acesso em: 5 jul. 2019.

- ser fundamentada em evidências e proporcional ao problema identificado;
- estar fundamentada em uma base legal sólida;
- produzir benefícios que justifiquem os custos;
- considerar a distribuição dos seus efeitos entre os diferentes atores e grupos;
- minimizar os custos administrativos e eventuais distorções de mercado resultantes de sua implementação;
- ser clara e compreensível;
- ser consistente com outros regulamentos e políticas;
- ser elaborada de modo transparente, com procedimentos adequados para a manifestação efetiva e tempestiva de atores e grupos interessados; e
- considerar os incentivos e mecanismos para alcançar os efeitos desejados, incluindo estratégias de implementação que potencializem seus resultados.

A partir desse documento, a Casa Civil editou uma cartilha[146] com orientações gerais para a elaboração de uma Análise de Impacto Regulatório, aplicável a qualquer órgão ou entidade da Administração Pública Federal, e não somente para as Agências Reguladoras.

Esse controle de meios permitirá inclusive que o Poder Judiciário possa melhor analisar a eficiência e a eficácia dos atos normativos e das decisões proferidas pelo TCU, além de franquear às partes eventualmente afetadas que apresentem suas argumentações à luz destes mecanismos, de modo que haja um verdadeiro cotejo analítico e o controle jurisdicional decida não somente aplicando a literalidade da lei, mas também os custos e benefícios.

O ponto é: sempre será necessária uma Análise de Impacto Regulatório? A Comissão Europeia[147] entende que, quando houver pouca ou nenhuma opção disponível para regulamentar o tema, ou se os impactos não

[146] Fonte: http://www.casacivil.gov.br/governanca/copy_of_comite-interministerial-de-governanca/diretrizes-gerais-e-guia-orientativo-para-elaboracao-de-analise-de-impacto-regulatorio-pdf/view. Acesso em: 5 jul. 2019.

[147] Disponível em: https://ec.europa.eu/info/sites/info/files/file_import/better-regulation-toolbox-9_en_0.pdf. Acesso em: 30 set. 2019.

puderem ser mensurados de plano ou forem pequenos, será despicienda a Análise de Impacto Regulatório[148].

Nos Estados Unidos da América, a *Executive Order* n.º 12866[149] dispõe sobre outros critérios excludentes da Análise de Impacto Regulatório, e nas ações regulatórias significativas, isto é, que não impactem anualmente a economia em U$ 100 milhões ou menos, hipoteticamente, será desnecessária.

Para a Casa Civil[150], será inapropriada a Análise de Impacto Regulatório nas seguintes hipóteses:

1) atos normativos de natureza administrativa, cujos efeitos sejam restritos;
2) atos normativos de efeitos concretos, voltados a disciplinar situação específica e que tenham destinatários individualizados;
3) atos normativos que visem corrigir erros de sintaxe, ortografia, de normas previamente publicadas;
4) atos normativos que revoguem ou atualizem normas obsoletas, mas não importem alteração de mérito;
5) atos normativos que tenham por objetivo consolidar outras normas sobre determinada matéria, sem alteração de mérito.

No entanto, quando a Análise de Impacto Regulatório se fizer necessária, deverão ser observados os seguintes passos, de acordo com a Cartilha[151]:

148 Enunciado nº 38 da I Jornada de Direito Administrativo do Conselho da Justiça Federal: A realização de Análise de Impacto Regulatório (AIR) por órgãos e entidades da administração pública federal deve contemplar a alternativa de não regulação estatal ou desregulação, conforme o caso.

149 Fonte: https://www.archives.gov/files/federal-register/executive-orders/pdf/12866.pdf. Acesso em: 30 set. 2019.

150 Fonte: http://www.casacivil.gov.br/governanca/regulacao/eventos/2018/diretrizes-gerais-e-guia-de-analise-de-impacto-regulatorio-air-resultado-da-consulta-publica-sag-casa-civil/resultados-cp-air_marco_2018.pdf. Acesso em: 30 set. 2019.

151 Fonte: http://www.casacivil.gov.br/governanca/regulacao/eventos/2018/diretrizes-gerais-e-guia-de-analise-de-impacto-regulatorio-air-resultado-da-consulta-publica-sag-casa-civil/resultados-cp-air_marco_2018.pdf. Acesso em: 30 set. 2019.

a) sumário executivo em linguagem simples;
b) identificação do problema regulatório que se pretende solucionar;
c) identificação dos atores ou grupos afetados pelo problema regulatório;
d) identificação da base legal que ampara a ação;
e) definição dos objetivos que se pretende alcançar;
f) descrição das possíveis alternativas para o enfrentamento do problema (a opção de não ação, soluções normativas e não normativas);
g) exposição dos possíveis impactos das alternativas identificadas;
h) comparação das alternativas consideradas, apontando, justificadamente, a mais adequada;
i) breve descrição da estratégia para implementação da alternativa sugerida (monitoramento, fiscalização, bem como a necessidade de alteração ou de revogação de normas em vigor);
j) considerações referentes às manifestações recebidas em processos de participação social; e
k) nome completo, cargo ou função e assinatura dos responsáveis pela Análise de Impacto Regulatório.

Se porventura o problema regulatório for de maior complexidade, ou caso as alternativas identificadas apresentem impactos significativos, os seguintes aspectos devem ser abordados, adicionalmente, por meio de uma Análise de Impacto Regulatório nível II:

a) mapeamento da experiência internacional no tratamento do problema regulatório sob análise;
b) mensuração dos possíveis impactos das alternativas de ação identificadas sobre os consumidores ou usuários dos serviços prestados e sobre os demais principais segmentos da sociedade afetados;
c) mapeamento dos riscos envolvidos em cada alternativa considerada.

No prazo de cinco anos contados da publicação do ato normativo, o Decreto impõe a Avaliação de Resultado Regulatório – ARR, ou seja, a verificação dos seus efeitos, visando constatar, ou não, o atingimento dos fins inicialmente pretendidos, e que deverão ser amplamente divulgados no sítio eletrônico do órgão ou da entidade, ressalvadas as informações com restrição de acesso nos termos das Leis nºs 12.527/2011 e 13.709/2018[152].

Nesse cariz, o Tribunal de Contas, ao editar atos normativos que impactem a economia, principalmente em temas relacionados à desestatização, privatização, concessão e à regulação de serviços públicos deve adotar esses parâmetros quando suas decisões sobremaneira impactarem economicamente as relações jurídicas, promovendo o aumento da transparência, a eficiência, a segurança e os ganhos de bem-estar social, além de observar os princípios 6 das Normas da Intosai 20 e 21, que exigem a mensuração e a divulgação das informações sobre eficácia e efetividade do uso de seus recursos, inclusive mediante avaliação de comitês de auditoria independentes, por meio de um sistema de avaliação periódica de qualidade de suas atividades.

1.4.4. Aspecto material

O aspecto material é corolário do formal e diz respeito às qualidades de clareza, objetividade, precisão, limpidez, completude, organização e coerência do conteúdo da informação disponibilizada[153].

Trata-se da disponibilização dos atos normativos e acórdãos de maneira clara (com índices e referências), objetiva (linguagem didática), precisa (sem a necessidade de dados ou gráficos), límpida (sem ambiguidades), completas e organizadas (estruturadas).

Atualmente, as informações são disponibilizadas em um Portal da Transparência no Tribunal de Contas da União (https://portal.tcu.gov.br/transparencia-e-prestacao-de-contas/), em que constam as informações exigidas pela Lei n.º 12.527/2011, mas não constam as perguntas e respostas mais frequentes.

Quanto aos atos normativos editados, há somente uma aba que orienta a forma de pesquisa (https://portal.tcu.gov.br/imprensa/duvidas-frequentes/) mas não há disponibilização do conteúdo dos atos normativos separados por assuntos.

[152] RIBEIRO DE SENNA, Lais. MAGAMI JUNIOR, Roberto Tadao. *Análise de impacto regulatório e a avaliação de resultado regulatório: Estudo à luz do Decreto Federal nº 10.411/2020*. Fonte: https://www.jota.info/tributos-e-empresas/regulacao/analise-de-impacto-regulatorio-e-a--avaliacao-de-resultado-regulatorio-16072020. Acesso em 16 jul. 2020.

[153] Idem, p. 245.

Da mesma forma, os acórdãos não são divididos por temas e os relatórios e votos são de difícil compreensão, uma vez que mencionam as explanações de suas secretarias e órgãos internos, além de fazerem uso de motivações *aliunde* ou *per relationem*, o que torna a leitura demasiadamente difícil[154].

Com efeito, trata-se de três pontos essenciais para que o administrador público ou o fiscalizado se informe a respeito de atuação do TCU em determinados temas e conduza seus atos de forma a evitar questionamentos e/ou consiga localizar argumentos para se defender em uma eventual tomada de contas e aqui retomamos a importância da transparência como mecanismo para o exercício do contraditório e da ampla defesa.

No que concerne à importância da divisão em temas, o Observatório do Tribunal de Contas da União apontou que, entre 2008 e 2017, o Plenário e as duas Câmaras do Tribunal de Contas da União prolataram 204.286 acórdãos, mas não os classificaram pela natureza dos assuntos tratados, o que dificulta a análise de sua coerência, além de impedir que os gestores pautem suas condutas futuras, de maneira a implementar uma cultura de novas e boas práticas[155].

Outro ponto arguido pelo Observatório diz respeito ao Manual de Licitações e Contratos, editado em 2010, que está defasado e é de difícil consulta em virtude de sua forma e volume[156] e tampouco aborda novas temáticas contidas na Lei nº 14.133/2021.

[154] No mesmo diapasão José Vicente dos Santos Mendonça tece as seguintes críticas às decisões judiciais: "*Roe vs. Wade*, sem as notas, possui 37 páginas. *Brown vs. Board of Education of Topeka*, no mesmo padrão de espaço simples e Times 12, possui cinco páginas. Já no habeas corpus 121903, julgado em 2014, Afanásio Guimarães foi denunciado pelo Ministério Público por haver afanado uma galinha. O STF concedeu o HC em 14 páginas. Em casos semelhantes – HCs 123734, 123533 e 123108 –, discutia-se a insignificância. Antes de julgar o furto de um chinelo, Barroso, o relator, escreveu oito páginas sobre o direito penal; trouxe dados do CNJ; observou que a atividade policial é mal paga; afirmou que juízes se apegam a qualquer razão para evitar enviar alguém à prisão por crimes não violentos; citou dados do Departamento Penitenciário Nacional; observou que há Anteprojeto de Código Penal. 11 páginas. Depois, ofereceu panorama da jurisprudência (5 páginas), discorreu sobre as bases da insignificância (8 páginas). Propôs, então, consenso sobre o tema (7 páginas)." *À espera da revolução da brevidade.* Fonte: https://www.jota.info/opiniao-e-analise/colunas/publicistas/a-espera-da-revolucao-da-brevidade-21032023. Acesso em 21 mar. 2023.

[155] GRUPO PÚBLICO DA FGV DIREITO SP/SBDP. *Observatório do TCU*: julgamentos de março e abril de 2018 cit., p. 3-5.

[156] Idem, p. 3-5.

Algumas diretrizes de aperfeiçoamento da transparência no Tribunal de Contas da União nesses quesitos podem ser extraídas da legislação norte-americana –*Freedom of Information Act*,[157] de 1966, que exige das *agencies* um levantamento anual sobre (a) número de solicitações feitas e as respectivas respostas; (b) o número de recursos interpostos em razão de eventuais negativas, bem como os motivos que impediram a concessão da informação; (c) a quantidade média de dias que os pedidos levaram para ser respondidos, bem como os motivos que fizeram a agência produzir cada resposta; (d) o número de pedidos de registros respondidos e a quantidade de dias demandada para serem compilados e disponibilizados;

Outra proposta digna de nota que deveria ser implementada de imediato pelo Tribunal de Contas da União consta do artigo 9.º, II, da minuta de projeto para a Lei Nacional da Liberdade Econômica[158], elaborada pela Sociedade Brasileira de Direito Público, ao exigir que os órgãos e entidades mantenham compilação por temas do estoque acumulado de regulamentos, atos e práticas de nível infralegal, tendo em vista a inexistência até o presente momento:

> Art. 9.º Para assegurar o cumprimento do disposto nesta lei os órgãos, entidades e autoridades a que se refere o art. 7.º desta lei deverão:
>
> [...]
>
> II – manter compilação por temas do estoque acumulado de regulamentos, atos e práticas de nível infralegal, com a indicação expressa dos vigentes para cada tema.

Uma possível diretriz é a criação de precedentes administrativos e sua divisão por temas de modo a aumentar o tratamento isonômico e demonstrá-lo pelo incremento da transparência operatividade e na consequente credibilidade e melhoria da qualidade das decisões[159], além de propiciar segurança jurídica.

[157] Disponível em: https://www.justice.gov/sites/default/files/oip/legacy/2014/07/23/foia-final.pdf. Acesso em: 2 jul. 2019.

[158] Disponível em: http://www.sbdp.org.br/wp/wp-content/uploads/2019/04/Lei-Nacional-da-Liberdade-Econ%C3%B4mica-FGV-Direito-SP-sbdp-vers%C3%A3o-final-04.04.19.docx.pdf. Acesso em: 4 maio 2019.

[159] CARVALHO, Gustavo Marinho de. *Precedentes administrativos no direito brasileiro*. São Paulo: Contracorrente, 2015. p. 181-185.

À guisa de exemplo sobre a premente necessidade de observância e coerência nos precedentes do Tribunal de Contas, citamos um acórdão em que a ementa reconhece expressamente que "não há direito adquirido a determinado entendimento ou à aplicação de determinada jurisprudência, devendo prevalecer, em cada julgamento, a livre convicção dos julgadores acerca da matéria"[160].

Outra experiência diz respeito à medida cautelar[161], em que o Plenário do Tribunal de Contas da União, na mesma sessão do dia 28.11.2018, afirmou que, para a medida cautelar de indisponibilidade de bens, não é necessária a individualização da conduta e do débito atribuível a cada responsável, pois se trata de cognição sumária e a decisão possui caráter precário[162]. Em outro aresto decidiu no sentido diametralmente oposto, isto é, de que para a adoção da medida cautelar de indisponibilidade de bens é necessária a individualização das condutas e quantias[163].

Por conseguinte, entendemos que alguns meios para que o aspecto material da transparência se concretize são o levantamento dos questionamentos mais comuns e a exposição deles, bem como a compilação dos atos infralegais e da jurisprudência por temas, e não simplesmente a disponibilização de um sistema de busca de atos normativos e precedentes esparsos sobre temas que deveriam ser compilados.

1.4.5. Aspecto temporal

Por último, trazemos o aspecto temporal, concernente ao período em que as informações devem se manter disponíveis ou sigilosas.

A Lei de Acesso à Informação admite o sigilo quando houver justificativa relevante, para o fim de resguardar a segurança da sociedade e do Estado, ou ainda com o objetivo de salvaguardar informações pessoais, e

160 Acórdão n.º 2375/2018, 2.ª Turma, Rel. Min. José Múcio Monteiro.

161 Celso Antônio Bandeira enfatiza a importância de distinguir sanções administrativas de providências acautelatórias, sendo estas as medidas que necessitam ser adotadas de imediato para prevenir danos sérios ao interesse público ou à boa ordem administrativa e cuja finalidade não é intimidar eventuais infratores para que não incorram em ações ou omissões indesejadas, mas sim paralisar comportamentos danosos ou impedi-los. *Curso de direito administrativo* cit., p. 883-884.

162 Acórdão n.º 2734/2018, Plenário, Rel. Min. Vital do Rêgo.

163 Acórdão n.º 2757/2018, Plenário, Rel. Min. José Múcio Monteiro.

todas essas hipóteses devem ser devidamente justificadas e utilizadas em caráter excepcional.

De acordo com o artigo 23 da Lei em comento são consideradas imprescindíveis à segurança da sociedade ou do Estado e, portanto, passíveis de classificação as informações cuja divulgação ou acesso irrestrito possam:

> I – pôr em risco a defesa e a soberania nacionais ou a integridade do território nacional;
>
> II – prejudicar ou pôr em risco a condução de negociações ou as relações internacionais do País, ou as que tenham sido fornecidas em caráter sigiloso por outros Estados e organismos internacionais;
>
> III – pôr em risco a vida, a segurança ou a saúde da população;
>
> IV – oferecer elevado risco à estabilidade financeira, econômica ou monetária do País;
>
> V – prejudicar ou causar risco a planos ou operações estratégicos das Forças Armadas;
>
> VI – prejudicar ou causar risco a projetos de pesquisa e desenvolvimento científico ou tecnológico, assim como a sistemas, bens, instalações ou áreas de interesse estratégico nacional;
>
> VII – pôr em risco a segurança de instituições ou de altas autoridades nacionais ou estrangeiras e seus familiares; ou
>
> VIII – comprometer atividades de inteligência, bem como de investigação ou fiscalização em andamento, relacionadas com a prevenção ou repressão de infrações.

Essas informações podem ser classificadas em ultrassecreta, secreta ou reservada, cujos prazos máximos de restrição de acesso à informação serão, respectivamente de 25 anos, 15 anos, e 5 anos. Alternativamente aos prazos, poderá ser estabelecida como termo final de restrição de acesso a ocorrência de determinado evento, desde que este se dê antes do transcurso do prazo máximo de classificação.

Transcorrido o prazo de classificação ou consumado o evento que defina seu termo final, a informação tornar-se-á, automaticamente, de acesso público e o prazo deve ser contado a partir da data de produção, nos termos do § 1º do artigo 2 da LAI, que assim dispõe: "os prazos máximos de restrição de acesso à informação, conforme a classificação prevista no *caput*, vigoram a partir da data de sua produção".

Entendemos que o legislador não andou bem ao dispor sobre prazos tão longos para a restrição de acesso à informação e, sob a ótica da proporcionalidade e da razoabilidade, deveria rever o tema, aplicando uma restrição temporal menor, de quatro ou cinco anos, nos mesmos moldes da Lei n.º 06/1994, de Portugal[164], e da legislação mexicana, que também possui um prazo menor de restrição ao conteúdo de informações consideradas classificadas, conforme podemos constatar em seu artigo 99[165], ao fixar um prazo máximo de cinco anos, prorrogáveis pelo mesmo período, sempre quando houver justificativa.

[164] "Artigo 6.º Duração do segredo
1 – O acto de classificação especifica, tendo em consideração a natureza e as circunstâncias motivadoras do segredo, a duração deste ou o prazo em que o acto deve ser revisto.
2 – O prazo para a duração da classificação ou para a sua revisão não pode ser superior a quatro anos.
3 – A classificação caduca com o decurso do prazo."

[165] "Artículo 99. Los documentos clasificados como reservados serán desclasificados cuando:
I. Se extingan las causas que dieron origen a su clasificación;
II. Expire el plazo de clasificación;
III. Exista resolución de una autoridad competente que determine que existe una causa de interés público que prevalece sobre la reserva de la información;
IV. El Comité de Transparencia considere pertinente la desclasificación, de conformidad con lo señalado en el presente Título, y
V. Se trate de información que esté relacionada con violaciones graves a derechos humanos o delitos de lesa humanidad.
La información clasificada como reservada, según el artículo 110 de esta Ley, podrá permanecer con tal carácter hasta por un periodo de cinco años. El periodo de reserva correrá a partir de la fecha en que se clasifica el Documento.
Excepcionalmente, los sujetos obligados, con la aprobación de su Comité de Transparencia, podrán ampliar el periodo de reserva hasta por un plazo de cinco años adicionales, siempre y cuando justifiquen que subsisten las causas que dieron origen a su clasificación, mediante la aplicación de una prueba de daño.
Para los casos previstos por la fracción II de este artículo, cuando se trate de información cuya publicación pueda ocasionar la destrucción o inhabilitación de la infraestructura de carácter estratégico para la provisión de bienes o servicios públicos, o bien se refiera a las circunstancias expuestas en la fracción IV del artículo 110 de esta Ley y que a juicio de un sujeto obligado sea necesario ampliar nuevamente el periodo de reserva de la información; el Comité de Transparencia respectivo deberá hacer la solicitud correspondiente al Instituto, debidamente fundada y motivada, aplicando la prueba de daño y señalando el plazo de reserva, por lo menos con tres meses de anticipación al vencimiento del periodo."

A diferença é que no México a classificação da informação poderá ocorrer a partir da data da solicitação, ao passo que no Brasil já deve haver uma prévia classificação pela Administração quando da compilação das informações do órgão ou entidade.

Outra importante distinção que merece uma imediata revisão, pois totalmente desprovida de sentido, e na nossa visão atenta contra o texto da Carta Magna quanto ao valor democracia, é o fato de que a Lei de Acesso à Informação, em seu artigo 28, parágrafo único, explana que a decisão classificatória da informação nos graus ultrassecreto, secreto e reservada será mantida no mesmo grau de sigilo da informação classificada, ou seja, não é possível que a sociedade controle o que foi classificado, assim como a forma.

Juliano Heinen[166] adverte que há uma grave incongruência, pois, ao não se permitir o controle social da fundamentação, inviabiliza-se ao Administrado a possibilidade de impugná-lo.

E isso de fato não faz o menor sentido, merecendo destaque o artigo 101 da Lei mexicana de Transparência e Acesso à Informação, ao dispor que todas as áreas sujeitas aos ditames da lei deverão elaborar um índice dos expedientes classificados como reservados, por área responsável e tema para a respectiva publicação, que deverá ocorrer semestralmente, com os motivos e a data de início e fim da restrição de acesso, sendo vedada sua classificação em qualquer hipótese.

O Decreto n.º 7.724/2012, regulamentador da Lei de Acesso à Informação, em seu artigo 31, impôs aos órgãos e entidades da Administração Pública Federal que formalizem em um Termo a classificação da informação, indicando o dispositivo legal que fundamenta a classificação, o grau do sigilo, a categoria na qual se enquadra a informação e o prazo de sigilo contado em anos, meses ou dias, assim como a data em que ocorreu esse procedimento e a autoridade responsável, sendo necessária a submissão desse documento ao crivo da Comissão Mista de Reavaliação de Informações (integrada pela Casa Civil da Presidência da República e alguns Ministérios).

O único ponto que permanecerá em sigilo, segundo o Decreto, são as razões da classificação.

[166] HEINEN, Juliano. *Comentários à lei de acesso à informação* cit., p. 247.

Além disso, o artigo 30 da Lei n.º 12.527/2011 dispõe que a autoridade máxima de cada órgão ou entidade publicará, anualmente, em sítio à disposição na internet e destinado à veiculação de dados e informações administrativas, nos termos de regulamento, (i) o rol das informações desclassificadas nos últimos 12 meses; (ii) o rol de documentos classificados em cada grau de sigilo, com identificação para referência futura; (iii) o relatório estatístico contendo a quantidade de pedidos de informação recebidos, atendidos e indeferidos, bem como informações genéricas sobre os solicitantes que ainda mantêm exemplar da publicação prevista para consulta pública em suas sedes.

Há um rol de informações classificadas no sítio eletrônico do Tribunal de Contas da União publicadas na Portaria ISC nº 16, de 13 de agosto de 2021 e na Portaria SEGEDAM nº 28, de 06 de outubro de 2021, bem como as informações classificadas assim como os respectivos responsáveis, mas não há a data em que ocorreu essa classificação, o que impossibilita a contagem do prazo de levantamento dos sigilos pelos controles jurisdicional e social, nem o relatório estatístico contendo a quantidade de pedidos de informação recebidos, atendidos e indeferidos.

2.
O MODELO CONSTITUCIONAL DO TRIBUNAL DE CONTAS DA UNIÃO

Considerando a existência de inúmeros estudos sobre os modelos[167] de Tribunais de Contas italiano, belga e francês, em que os controles, *grosso modo*, são prévio e *a posteriori*, não faremos maiores digressões sobre o tema, mas tão somente um breve panorama histórico do Tribunal de Contas da União, e da mesma forma definiremos sua natureza e competências.

A Corte de Contas existe no Brasil desde a edição do Decreto n.º 966-A, de 7 de novembro de 1890, cujo artigo 2.º sujeitava ao exame prévio (modelo belga) todos os atos do Poder Executivo, suscetíveis de criar despesas ou interessar às finanças da República.

Entre os anos de 1893 e 1896, houve tentativas de implantação do modelo italiano no país[168], mas o Decreto Legislativo n.º 392, de 8 de outubro de 1896, manteve o nosso sistema mais próximo ao belga quando descreveu um exame prévio dos atos relacionados às despesas e receitas públicas, assim como das contas ministeriais.

As Constituições seguintes (1934, 1937, 1946) replicaram este modelo. A partir de 1967, a Constituição Federal suprime o sistema de

[167] MEDAUAR, Odete. *Controle da administração pública*. São Paulo: RT, 1993. p. 44-45.

[168] VIVEIROS DE CASTRO, Augusto Olympio. *Tratado de sciencia da administração e direito administrativo*. Rio de Janeiro: Jacintho Ribeiro Santos editor, 1914. p. 698.

registro prévio dos contratos administrativos, o que foi ratificado pela Constituição de 1969, e o controle adotado passa a ser o francês, ou seja, *a posteriori*, focando a repressão ao gasto ilegal, irregular, de recursos públicos[169].

Com o advento da Carta Magna de 1988 ampliam-se significativamente as competências do Tribunal de Contas da União, e o modelo *a posteriori* se mantém.

Entretanto, esse alargamento ensejou inúmeras discussões acerca de seus limites, bem como sobre a natureza do Tribunal de Contas da União. Em alguns estudos passou-se a afirmar sua natureza ser parajudicial (quando o tribunal julga as contas dos administradores e demais responsáveis por bens e valores públicos, nos processos de tomada e prestação de contas, bem como quando aprecia a legalidade dos atos de admissão de pessoal e concessão de aposentadorias) e fiscalizadora nas demais hipóteses, como na realização de inspeções e auditorias ou quando aplica sanções ou apura denúncias[170].

Jorge Ulysses Jacoby Fernandes reforça a visão de que o Tribunal de Contas da União possui natureza jurisdicional, uma vez que o artigo 73 da Carta Magna assim dispõe[171] ao enfatizar que sua *jurisdição* recai sobre todo o território nacional.

Fato é que, parafraseando Eros Grau, o direito não se interpreta em tiras, e a fiscalização contábil, financeira e orçamentária constitui modalidade de controle externo a cargo do Congresso Nacional, nos termos dos artigos 70 e 71 da Constituição Federal, em que o Congresso Nacional será auxiliado[172] pelo Tribunal de Contas.

[169] SUNDFELD, Carlos Ari; CÂMARA, Jacintho Arruda. *Controle das contratações públicas pelos Tribunais de Contas*. Fonte: http://bibliotecadigital.fgv.br/ojs/index.php/rda/article/view/8589/7325. Acesso em: 8 out. 2018.

[170] ZYMLER, Benjamim. *Direito administrativo e controle*. 4. ed. Belo Horizonte: Fórum, 2015. p. 169.

[171] JACOBY FERNANDES, Jorge Ulysses. *Tribunais de contas do Brasil*: jurisdição e competência. 4. ed. Belo Horizonte: Fórum, 2016. p. 147.

[172] Com relação ao verbo que atribui ao Tribunal de Contas da União a função de auxiliar o Poder Legislativo, reconhecemos sua independência em relação aos demais poderes, atribuem a esses órgãos a função de participação, precisamente, na atividade de controle externo de que se cogita.

Portanto, o artigo 5.º, XXXV, é cristalino ao dispor que a lei não excluirá da apreciação do Poder Judiciário lesão ou ameaça ao direito, o que nos leva à inexorável conclusão de que qualquer ação ou comportamento, seja ele praticado por particular ou ainda órgão ou entidade pública, pode ser discutido em juízo pelo interessado ainda quando tenha sido ou pudesse ser objeto de prévia discussão administrativa ou extrajudicial, o que denominamos de inafastabilidade do reexame judicial[173].

Por conseguinte, trata-se essencialmente de um órgão de auditoria externa, que não pode tomar decisões que são de atribuição da Administração Pública, isto é, não pode substitui-la.

Dessarte, suas decisões não têm outra natureza senão a administrativa, e esse posicionamento é reafirmado quando analisamos suas competências elencadas no artigo 71 da Carta Magna, acompanhadas de uma miríade de conceitos jurídicos indeterminados como legalidade, legitimidade e economicidade, e, conforme apresentamos, devem obrigatoriamente ser submetidos a um controle judicial, pelo fato de a jurisdição no Brasil ser una (ao contrário da França, por exemplo).

Lucas Rocha Furtado entende que as decisões do Tribunal de Contas da União se submetem ao controle jurisdicional[174], mas de maneira menos invasiva, isto é, o Poder Judiciário somente pode promover sua anulação em casos de aplicação teratológica do Direito ou por falhas formais do processo, *exempli gratia*, a inobservância do contraditório e da ampla defesa[175].

[173] NORTHFLEET, Ellen Gracie. *Notas sobre a revisão judicial das decisões do Tribunal de Contas da União pelo Supremo Tribunal Federal*. Fonte: https://revista.tcu.gov.br/ojs/index.php/RTCU/article/view/413. Acesso em: 1.º jun. 2019.

[174] No mesmo sentido, Eduardo Jordão defende a *possibilidade* de o Poder Judiciário modular a intensidade do seu controle em função das características da decisão administrativa controlada. Cogita-se na hipótese de uma decisão técnica ou política tomada por autoridade administrativa especializada ser controlada de modo “fraco”, limitando-se o juiz a anulá-la caso seja *irrazoável* (mas não só por ela diferir da decisão que o próprio juiz tomaria) A leitura e as “leituras” do art. 5.º, XXXV, da Constituição Federal. Fonte: https://www.jota.info/opiniao-e-analise/colunas/publicistas/a-leitura-e-as-leituras-do-art-5o-xxxv-da-constituicao-federal-05112019. Acesso em: 4 de nov. 2019.

[175] FURTADO, Lucas Rocha. *Curso de direito administrativo*. 5. ed. rev. e atual. Belo Horizonte: Fórum, 2016. p. 963.

Contudo, não podemos concordar com esse pensamento, sob pena de manifesta contrariedade ao comando constitucional da inafastabilidade do controle jurisdicional. Para tanto, trazemos, à guisa de exemplo, aresto proferido pelo Tribunal Regional Federal da 2.ª Região que, em sede de ação anulatória de ato administrativo, reviu decisão do Tribunal de Contas da União que condenou ordenador de despesa ao pagamento de multa sem sequer confirmar a participação da parte[176].

Da mesma forma, mais recentemente houve uma grande discussão acerca da responsabilidade do então Deputado Federal Deltan Dallagnol e sua condenação proferida pelo TCU relacionada à regularidade dos gastos com passagens e diárias dos procuradores da República que atuaram na Operação Lava Jato.

[176] Administrativo. Decisão administrativa do TCU. Multa. Nulidade. Responsabilidade. Ausência de comprovação de participação nos atos de execução do contrato. Recurso desprovido.
1. Trata-se de apelação interposta pela União nos autos da ação anulatória ajuizada por Elmo Cavalcante Gomes, objetivando a anulação de decisão proferida pelo Tribunal de Contas da União (Acórdão TCU n.º 3.765/2011) que impôs o pagamento de multa após o trâmite do processo administrativo número TC 10.824/1999-5, no qual teriam sido apuradas irregularidades em contratos firmados entre o INPI e a sociedade TNC FILE.
2. Cinge-se a questão na comprovação ou não de envolvimento específico de Elmo Cavalcante Gomes na ordenação das despesas relativas ao contrato 018/1999, objeto de decisão administrativa proferida pelo Tribunal de Contas da União (processo administrativo número TC 10.824/1999-5), e consequente afastamento da imposição de multa para ressarcimento ao Erário.
3. Para que o Apelado seja responsabilizado pelas irregularidades do contrato, deve ser demostrada sua participação nos atos de execução do contrato. No caso, a Apelante não traz provas de que o Apelado era de fato responsável pelo pagamento das faturas do contrato questionado, apenas argumenta que o "Presidente do INPI fora notificado pelo TCU acerca de possíveis pagamentos indevidos à contratada referente ao Contrato 18/99 e, mesmo assim, continuou a efetuá-lo (v.fl. 325)" (fls. 639).
4. Não há prova nos autos de que houve ordenação de pagamento de despesas relativas ao contrato questionado, sob a responsabilidade do Apelado, tendo este ocupado o cargo de Diretor da Administração Geral do INPI no período de julho de 1999 a 15 de setembro de 2000.
5. O fato de o Apelado ter ocupado o cargo de Diretor da Administração-Geral à época não induz à imputação de responsabilidade, ainda mais por não restar comprovado que o mesmo era responsável especificamente pelo contrato questionado.
[...] (Tribunal Regional Federal da 2.ª Região, 6.ª Turma, Apelação Cível n.º 0031097-92.2013.4.02.5101, Rel. Des Federal Flávio Oliveira Lucas, j. 1.º.12.2017, *DJe* 06.12.2017).

À época o então Procurador da República obteve uma decisão judicial ratificada pelo TRF da 4ª Região nos autos do processo nº 5025349-96.2022.4.04.0000 suspendendo a decisão da corte de contas e assegurando sua elegibilidade de forma a aguardar o julgamento do mérito da ação movida em face da União cujo teor questionava a legalidade de sua citação como responsável pelo ordenamento das referidas despesas.

Prosseguindo, das competências do Tribunal de Contas da União sobressaem poderes diretos e indiretos, de acordo com Eduardo Jordão[177]. No que tange aos primeiros, devemos citar as chamadas *competências corretivas*, isto é, aquelas voltadas a sanar os vícios identificados nos atos administrativos ou ao menos evitar a promoção de seus efeitos.

Como poderes indiretos, extraímos as *competências sancionatórias*, que correspondem a uma punição ao agente e, por essa via, indiretamente, estimulam a retirada ou desestimulam a produção desses atos viciados.

Dessume-se que as medidas relativas às primeiras competências recaem sobre os atos viciados, ao passo que as segundas sobre as autoridades públicas responsáveis pela sua realização.

Tanto no exercício das competências corretivas quanto das sancionatórias, em que há incidência de conceitos jurídicos indeterminados, será vedada a utilização indiscriminada destes, a fim de evitar decisões subjetivas e/ou arbitrárias, que exorbitem os limites delineados pela Carta Magna, e/ou ainda que não analisem prospectivamente os efeitos e as consequências da decisão, sob pena de vulneração aos preceitos incluídos pela Lei n.º 13.655/2018 à Lei de Introdução às Normas do Direito Brasileiro.

Delineadas essas balizas, analisaremos atos normativos editados pelo Tribunal de Contas da União para o exercício de sua fiscalização e de sua gestão, mas não sem antes apresentarmos alguns pontos para reflexão.

[177] JORDÃO, Eduardo. *A intervenção do TCU sobre editais de licitação não publicados – Controlador ou administrador?* Fonte: https://bibliotecadigital.fgv.br/dspace/bitstream/handle/10438/19207/A_intervencao_do_TCU_sobre_editais_de_li.pdf. Acesso em: 2 jul. 2019.

2.1. A mutação constitucional (*Wandlügen in der Verfassung*) nas atribuições do Tribunal de Contas da União

O Tribunal de Contas da União tem ampliado cada vez mais suas atribuições constitucionais e legais sob a afirmação de possuir um poder geral de cautela e, em alguns momentos, encontra respaldo do Supremo Tribunal Federal[178], para quem o fundamento seria extraído da teoria dos poderes implícitos.

Em nossa compreensão, tanto o poder geral de cautela quanto a aplicação da teoria dos poderes implícitos trata-se de um evidente processo informal de interpretação do texto constitucional sem modificação do seu teor, isto é, uma mutação constitucional[179], mas que obviamente depende de adequação aos limites textuais impostos pelos dispositivos interpretados, sendo inviável a propositura de alteração que, a pretexto de atualizar seu conteúdo, extrapole as possibilidades semânticas do texto de um enunciado normativo[180].

José Joaquim Gomes Canotilho assevera que a Constituição não é um texto estático e rígido, indiferente às alterações da realidade, ou seja, não é de modo algum idêntica a si própria, está constantemente submetida ao *pantha rei* heraclitiano de todo ser vivo[181], mas jamais poderá permitir alterações incomportáveis pelo programa da norma constitucional.

Supondo que se aceite essa mutação constitucional, na medida em que Maria Sylvia Zanella Di Pietro[182] permite que seja afastada a tipicidade

[178] Mandado de segurança. 2. Tribunal de Contas da União. Tomada de contas especial. 3. Dano ao patrimônio da Petrobras. Medida cautelar de indisponibilidade de bens dos responsáveis. 4. Poder geral de cautela reconhecido ao TCU como decorrência de suas atribuições constitucionais. 5. Observância dos requisitos legais para decretação da indisponibilidade de bens. 6. Medida que se impõe pela excepcional gravidade dos fatos apurados. Segurança denegada (Mandado de Segurança n.º 33.092/DF, Rel. Min. Gilmar Mendes, 2.ª Turma, j. 24.03.2015, *DJe* 14.08.2015).

[179] Em contraposição à alteração informal pela mutação constitucional (*verfassungwandlungen*), José Joaquim Gomes Canotilho expõe sobre a alteração constitucional formal (*verfassungsänderung*), que ocorre pela efetiva mudança do próprio texto. *Direito constitucional e teoria da constituição*. 7. ed. Coimbra: Almedina, 2003. p. 1229.

[180] NOVELINO, Marcelo. *Curso de direito constitucional*. Salvador: JusPodivm, 2015. p. 148.

[181] CANOTILHO, José Joaquim Gomes. *Direito constitucional e teoria da constituição* cit., p. 1229.

[182] "A grande maioria da doutrina defende, hoje, o princípio da tipicidade na esfera administrativa, como decorrência do princípio da legalidade e aplicação analógica do princípio

no âmbito administrativo, por considerar não haver a mesma rigidez do Direito Penal, e, por consequência, possibilitar o exercício de uma competência discricionária[183], como o Supremo Tribunal Federal vem admitindo, entendemos que deve haver uma adequada motivação sobre o processo de ampliação da competência, pois a simples utilização de conceitos jurídicos indeterminados não propicia a adequada reflexão e compreensão sobre o tema.

Essa preocupação é ainda mais importante no âmbito do Direito Administrativo Sancionador, pois a existência de normas em branco não permite o exercício da competência discricionária, mas tão somente o uso de argumentações técnicas[184].

Daí a transparência exsurgir como um instrumento para o exercício da razão pública[185], como forma de argumentar em uma sociedade democrática, mormente nos processos de controle externo, pois a simples aplicação de conceitos genéricos, tais como *poder geral de cautela* e/ou *teoria dos poderes implícitos ou ainda princípios*, a pretexto de justificar a indisponibilidade de bens ou a desconsideração da personalidade jurídica, *verbi gratia*, não

do direito penal, segundo o qual não existe crime nem pena sem lei que o preveja (*nullum crimen, nula poena sine lege*). No entanto, a legislação nem sempre o observa, como ocorre nos exemplos já mencionados dos Estatutos dos Servidores Públicos e na lei de licitações e contratos administrativos. Desse modo, o princípio da tipicidade, no direito administrativo, ainda é aplicado de forma limitada, se comparado com o direito penal". DI PIETRO, Maria Sylvia Zanella. *Direito administrativo*, cit., p. 808-809.

183 Concordamos com Marcia Pelegrini no sentido de que "a discricionariedade, enquanto competência expressamente atribuída pela norma jurídica à autoridade administrativa, a quem confere margem de decisão, não se confunde com a interpretação do direito. A primeira decorre da formulação de juízos de oportunidade e conveniência, em que a lei autoriza a aquilo que Eros Grau denomina de indiferente jurídico, e que segundo nosso entendimento não é conferida à autoridade encarregada legalmente de aplicar a pena." *A competência sancionatória do Tribunal de Contas: contornos constitucionais*. Belo Horizonte: Fórum, 2014. p. 81.

184 PIRES, Luis Manuel Fonseca. Interpretação jurídica e o direito administrativo sancionador. *In*: OLIVEIRA, José Roberto Pimenta (coord.). *Direito administrativo sancionador*: estudos em homenagem ao professor emérito da PUC/SP Celso Antônio Bandeira de Mello. São Paulo: Malheiros, 2019. p. 529-547.

185 "Uma razão pública é fundada em evidência científica amplamente majoritária e passível de aceitação universalizável e passível de aceitação por todos os participantes do debate político como uma razão que os respeita na condição de agentes igualmente dignos de consideração." MENDONÇA, José Vicente dos Santos de. *Direito constitucional econômico: a intervenção do Estado na economia à luz da razão pública e do pragmatismo*, cit., p. 127.

pode viabilizar a ampliação indiscriminada das competências da Corte de Contas[186].

A razão pública deve ser exercida pela autoridade em consonância com o pragmatismo, isto é, mediante análise das consequências contextuais prováveis, próximas, alegadas sob razoável base empírica[187].

A necessidade de motivação encontra assento nas próprias determinações feitas pelo Tribunal de Contas da União na outorga de contratos de concessão para atividades de exploração e produção de petróleo e gás natural, realizada pela Agência Nacional do Petróleo, Gás Natural e Biocombustíveis (ANP), com o Ministério de Minas e Energia e o Conselho Nacional de Política Energética, que decidiram licitar em separado os Blocos S-M-645, S-M-534 e Saturno, ofertando os dois primeiros em regime de concessão e o último de acordo com o regime de partilha de produção (Lei n.º 12.351/2010)[188].

Para a SeinfraPetróleo, os blocos compunham um mesmo reservatório de petróleo e sua licitação em separado traria o risco de uma futura unitarização, que poderia depreciar economicamente as áreas nos processos licitatórios.

Na oitiva das partes, foi defendido o ato, na medida em que a subdivisão das áreas permitiria uma maior competitividade e atratividade nas licitações, além da ausência de fundamentos técnicos que comprovariam a unitização das jazidas de petróleo, isto é, que elas comporiam um bloco.

A despeito da argumentação expendida, o Plenário do Tribunal de Contas da União, por intermédio do Acórdão n.º 672/2018, suspendeu cautelarmente os procedimentos de oferta pública dos blocos, por entender ausentes as justificativas para a decisão tomada, em estrita observância do princípio da motivação dos atos administrativos.

[186] Nesse sentido, mas por argumentos distintos, é importante destacar a decisão monocrática do eminente Ministro Marco Aurélio no Mandado de Segurança n.º 3506-DF (j. 08.02.2018, *DJe* 09.02.2018), que deferiu o pedido liminar, autorizando a livre movimentação dos bens da impetrante que haviam sido declarados indisponíveis, bem como a suspensão da determinação atinente ao levantamento da própria personalidade jurídica, aplicada pelo Acórdão n.º 2.014/2017 do Tribunal de Contas da União.

[187] MENDONÇA, José Vicente dos Santos de. *Direito constitucional econômico: a intervenção do Estado na economia à luz da razão pública e do pragmatismo*, cit., p. 143.

[188] GRUPO PÚBLICO DA FGV DIREITO SP/SBDP. *Observatório do TCU*: julgamentos de março e abril de 2018 cit., p. 21-23.

Portanto, se a Corte de Contas suspende uma licitação exigindo essa motivação, também tem o dever de observá-la na construção de sua mutação constitucional.

Sem prejuízo, é importante destacar que seu autointitulado poder geral de cautela se demonstra atualmente contraditório, pois o Tribunal de Contas da União não possui função jurisdicional[189] e, portanto, não tem um poder semelhante ao de um magistrado, em que pese o artigo 73, § 3.º, da CF assegurar-lhe as mesmas garantias, prerrogativas, impedimentos, vencimentos e vantagens de um Ministro do Superior Tribunal de Justiça.

Assim, poder-se-ia alegar que o poder geral de cautela é inerente ao exercício do poder de polícia da Administração Pública[190], cuja natureza é essencialmente preventiva, ou seja, tem por objetivo resguardar direitos fundamentais.

Entretanto, a própria Corte de Contas entende que sua atividade não possui assento no exercício do Poder de Polícia e, sob esse argumento, a título exemplificativo, não aplica a prescrição quinquenal existente na Lei n.º 9.873/1999 a suas punições, mas sim os prazos do Código Civil[191], mais

[189] A Constituição não prevê expressamente o poder geral de cautela nem ao Poder Judiciário, e muito menos ao exercício da função administrativa, o que não impediu seu reconhecimento ao primeiro, extraído do direito fundamental à ação, que corresponde à tutela adequada, efetiva e tempestiva mediante processo justo. Já no âmbito infraconstitucional encontra-se consagrado desde o Código de Processo Civil de 1939 (art. 675), inspirado no artigo 324 do Projeto Carnelutti, isto é, sempre correspondeu à atuação do juiz como polícia judiciária (função jurisdicional). Já na seara do processo administrativo, encontra-se previsto no artigo 45 da Lei n.º 9.784/1999, que atribui exclusivamente à Administração Pública seu exercício: "Art. 45. Em caso de risco iminente, a Administração Pública poderá motivadamente adotar providências acauteladoras sem a prévia manifestação do interessado" (SCAPIN, Romano. *A expedição de provimentos provisórios pelos Tribunais de Contas*: das medidas cautelares à técnica antecipatória no controle externo brasileiro. Belo Horizonte: Fórum, 2019. p. 163-170).

[190] RIVERO, Jean. *Direito administrativo*. Coimbra: Almedina, 1981. p. 479.

[191] Incidente de Uniformização de Jurisprudência. Prazo prescricional das sanções aplicadas pelo TCU. Subordinação ao prazo geral de prescrição indicado no art. 205 do Código Civil, contado a partir da data de ocorrência da irregularidade sancionada. Interrupção, por uma única vez, com a audiência, citação ou oitiva válida. Reinício da contagem logo após o ato que interrompeu a prescrição. Suspensão do processo quando a mora for imputada ao jurisdicionado (Acórdão n.º 1.441/2016, Rel. Min. Benjamin Zymller, Plenário).

especificamente dez anos[192] a partir da irregularidade passível de ser sancionada[193], em que pese o STF já tenha reconhecido em diversas decisões que culminaram com o reconhecimento do prazo em sede de repercussão geral[194], como por exemplo, o Mandado de Segurança 32.201/DF, que

[192] Responsabilidade. Multa. Prescrição. Termo inicial. Contagem. Código Civil. Quando o fato irregular, ensejador da sanção, tiver ocorrido menos de dez anos antes do início da vigência da Lei n.º 10.406/2002 (novo Código Civil), 11.01.2003, o prazo de dez anos para a prescrição da pretensão punitiva do TCU é contado a partir dessa data (art. 2.028 da mesma lei), e não a partir do fato irregular (Acórdão n.º 9.856/2019, Rel. Min.-Substituto Marcos Bemquerer, 2.ª Turma).

[193] Os processos de controle externo não se sujeitam à prescrição intercorrente do art. 1.º, § 1.º, da Lei n.º 9.873/1999, uma vez que a atividade de controle exercida pelo TCU não se enquadra como exercício do Poder de Polícia do Estado (Acórdão n.º 1.469/2019, Rel. Min. Aroldo Cedraz, Plenário).

[194] CONSTITUCIONAL E ADMINISTRATIVO. REPERCUSSÃO GERAL. EXECUÇÃO FUNDADA EM ACÓRDÃO PROFERIDO PELO TRIBUNAL DE CONTAS DA UNIÃO. PRETENSÃO DE RESSARCIMENTO AO ERÁRIO. ART. 37, § 5º, DA CONSTITUIÇÃO FEDERAL. PRESCRITIBILIDADE.

1. A regra de prescritibilidade no Direito brasileiro é exigência dos princípios da segurança jurídica e do devido processo legal, o qual, em seu sentido material, deve garantir efetiva e real proteção contra o exercício do arbítrio, com a imposição de restrições substanciais ao poder do Estado em relação à liberdade e à propriedade individuais, entre as quais a impossibilidade de permanência infinita do poder persecutório do Estado.

2. Analisando detalhadamente o tema da "prescritibilidade de ações de ressarcimento", este SUPREMO TRIBUNAL FEDERAL concluiu que, somente são imprescritíveis as ações de ressarcimento ao erário fundadas na prática de ato de improbidade administrativa doloso tipificado na Lei de Improbidade Administrativa – Lei 8.429/1992 (TEMA 897). Em relação a todos os demais atos ilícitos, inclusive àqueles atentatórios à probidade da administração não dolosos e aos anteriores à edição da Lei 8.429/1992, aplica-se o TEMA 666, sendo prescritível a ação de reparação de danos à Fazenda Pública.

3. A excepcionalidade reconhecida pela maioria do SUPREMO TRIBUNAL FEDERAL no TEMA 897, portanto, não se encontra presente no caso em análise, uma vez que, no processo de tomada de contas, o TCU não julga pessoas, não perquirindo a existência de dolo decorrente de ato de improbidade administrativa, mas, especificamente, realiza o julgamento técnico das contas à partir da reunião dos elementos objeto da fiscalização e apurada a ocorrência de irregularidade de que resulte dano ao erário, proferindo o acórdão em que se imputa o débito ao responsável, para fins de se obter o respectivo ressarcimento.

4. A pretensão de ressarcimento ao erário em face de agentes públicos reconhecida em acórdão de Tribunal de Contas prescreve na forma da Lei 6.830/1980 (Lei de Execução Fiscal).

5. Recurso Extraordinário DESPROVIDO, mantendo-se a extinção do processo pelo reconhecimento da prescrição.

"a prescrição da pretensão punitiva do TCU é regulada integralmente pela lei 9.873/99, seja em razão da interpretação correta e da aplicação direta desta lei, seja por analogia.

No ano de 2022 o TCU adequou-se à jurisprudência consolidada do STF por intermédio da Resolução nº 344 definindo que a prescrição nos processos de controle externo, exceto os de apreciação para fins de registro, da legalidade dos atos de admissão de pessoal ou de concessão de aposentadorias, reformas e pensões, observará o disposto na Lei nº 9.873/99 e inclusive definiu que todo e qualquer processo que esteja próximo de atingir o lapso prescricional terá prioridade de andamento pelas unidades técnicas e pelos gabinetes, sendo objeto de alerta específico a ser regulamentado pela Presidência.

Inobstante, criou por intermédio de resolução novas hipóteses de suspensão e interrupção da prescrição que não estão previstas na lei acima, o que nos parece um tanto quanto heterodoxo.

Poderíamos então acompanhar o entendimento de alguns Ministros do Supremo Tribunal Federal que, sob o argumento da teoria dos poderes implícitos, atribuíram ao Tribunal de Contas da União poderes outros além dos discriminados na Carta Magna e na sua Lei Orgânica n.º 8.443/1992, mas daí nos perguntamos: qual é o fundamento da teoria dos poderes implícitos?

A resposta encontra-se no *leading case* da Suprema Corte americana (*McCulloch v. Maryland*[195]), em que, no ano de 1816, o Congresso Nacional fundou o Segundo Banco dos Estados Unidos em contraposição aos bancos estaduais que tinham condutas reprováveis ao cederem crédito descontroladamente e serem implacáveis em tomar os bens dos devedores.

Para rechaçar tal situação, a União criou um banco, em que ingleses e outros estrangeiros controlavam boa parte de suas ações. Na tentativa de

Fixação da seguinte tese para o TEMA 899: "É prescritível a pretensão de ressarcimento ao erário fundada em decisão de Tribunal de Contas".
Recurso Extraordinário nº 636.886/AL, Plenário, Relator Ministro Alexandre de Moraes, j. 20.04.2020, Dje 23.06.2020.

[195] CASAGRANDE, Cássio Luís; BARREIRA, Jônatas Henriques. O caso *McCulloch v. Maryland* e sua utilização na jurisprudência do STF. *Revista de Informação Legislativa*, Brasília, v. 56, n. 221, p. 247-270, jan./mar. 2019. Fonte: http://www12.senado.leg.br/ril/edicoes/56/221/ril_v56_n221_p247.

combater essa instituição financeira controlada por capital estrangeiro em sua grande maioria, os Estados passaram a proibir a criação de outros bancos que não estaduais ou então a tributar suas operações de crédito, por exemplo, o Estado de Maryland.

A recusa do governo estadual em reconhecer a competência constitucional da União para instituir o Banco Central residia numa interpretação restritiva da seção 8 do artigo 1.º da Constituição dos Estados Unidos, que definia os poderes do Congresso Nacional, especificamente sua parte final (cláusula 18), que possibilitava interpretações variáveis, ao afirmar que ao Poder Legislativo é facultado elaborar *"all laws which shall be necessary and proper for carryng into execution the foregoing powers"*.

Para João Carlos Souto, a decisão de cobrar tributos era meramente política, considerando que, se a Constituição não autorizava a criação de um Banco Central, ele deveria ser extinto, e não tributado[196].

O caixa da agência local do Banco nacional, *James W. McCulloch*, recusou-se a seguir as regras impostas pelo Estado de Maryland, o que resultou na demanda judicial, que chegou à Suprema Corte, em que a discussão girou em torno do reconhecimento de que Congresso detinha o poder de criar o Banco e ao mesmo tempo declarou inconstitucional a tributação pelos Estados dos instrumentos do governo nacional.

Ao final, a decisão consolidou algumas teorias, como o alargamento das atribuições da União (competências materiais), que estivessem umbilicalmente ligadas às outras previstas na Constituição americana, a limitação do poder de tributar dos Estados e a visão da Constituição como um texto de diretrizes gerais, cujos pormenores são deduzidos por meio de sua interpretação.

A partir da exposição, com a devida vênia, a teoria dos poderes implícitos pode e deve ser aplicada no Brasil, mas com temperamentos, especialmente em dois pontos nevrálgicos, aplicação de penas e tributação, e tudo por isso por duas simples razões: a Constituição Federal proíbe em seu artigo 5.º, XXXIX, a imposição de pena sem prévia cominação legal e, da mesma forma, no artigo 150, I, a criação ou majoração de tributo sem lei que o defina.

[196] SOUTO, João Carlos. *Suprema Corte dos Estados Unidos: principais decisões*. São Paulo: Atlas, 2015. p. 134.

Logo, não há como extrair de qualquer poder implícito a aplicação de sanções como a indisponibilidade de bens ao particular ou a desconsideração de personalidade jurídica, por meio de uma teoria americana sem a devida adaptação ao texto da Carta Magna.

Portanto, infere-se que as sanções administrativas não possuem diferença ontológica das sanções penais, prevalecendo o critério formal, em que a primeira será aplicada por uma autoridade no exercício da função administrativa e a segunda por um magistrado integrante do Poder Judiciário, sendo permitido ao legislador estabelecer, de forma discricionária, quais condutas serão consideradas em cada hipótese, independentemente de gravidade ou relevância[197], mas ambas decorrerão sempre do exercício da função legislativa.

Nessa linha, o próprio autor do Código Penal brasileiro, Nélson Hungria, dispõe que o ilícito administrativo é um *minus* em relação ao ilícito penal, pois existem poucos delitos penais que não tenham passado pelo estádio do delito administrativo, e a disparidade entre um e outro é apenas quantitativa[198].

Dessarte, em nosso sentir, é preciso que lei disponha sobre as competências de maneira expressa, e, ainda que se entendesse cabível o exercício da competência discricionária no âmbito do Direito Administrativo Sancionador, imprescindível seria a motivação, ou seja, seria necessária a construção de uma argumentação demonstrando a possibilidade do exercício de suas atribuições em atos normativos ou decisórios, a fim de que a transparência permitisse a adequada compreensão e o devido controle jurisdicional.

A partir disso, discorreremos sobre alguns exemplos a fim de perscrutar se a transparência, tão exigida pelo Tribunal de Contas da União com relação à sua clientela[199], é utilizada tanto no âmbito da fiscalização quanto no da gestão.

[197] PELEGRINI, Marcia. *A competência sancionatória do Tribunal de Contas*: contornos constitucionais cit., p. 55-56.

[198] HUNGRIA, Nélson. Ilícito administrativo e ilícito penal. *Revista de Direito Administrativo*, Rio de Janeiro, v. 1, n. 1, 1945.

[199] O vocábulo clientela consta em vários atos do TCU: https://contas.tcu.gov.br/ords/f?p=catalogo_servicos:1.

3.
DA TRANSPARÊNCIA NA FISCALIZAÇÃO

3.1. Constituição, organização e tramitação de processos e documentos relativos à área de controle externo

Preliminarmente, é importante alertarmos que a constituição, a organização e a tramitação de processos não estão disciplinadas somente na Resolução n.º 259/2014, do Tribunal de Contas da União, como sua ementa pode sugerir.

Acerca do tema, localizamos a Resolução n.º 233/2010 (Dispõe sobre o funcionamento do processo eletrônico e demais serviços eletrônicos ofertados por meio de solução denominada TCU-eletrônico), alterada pelas Resoluções n.º 242/2011 e n.º 307/2019, assim como as Portarias n.º 234, de 29 de junho, e n.º 305, de 30 de setembro, ambas de 2009, que disciplinam, respectivamente, a concessão de vista e cópia de autos e a habilitação de procuradores em processos, as quais ainda permanecem em vigor, o que demonstra a necessidade de compilação do assunto em apenas um ato normativo.

Até julho de 2010, os processos tramitavam em meios físicos, o que dificultava em demasia o acesso e os julgamentos dos autos relacionados ao controle externo pelas partes e seus procuradores.

A partir de 4 de agosto de 2010, a Resolução n.º 233 passou a dispor que os processos seriam tramitados exclusivamente em meio eletrônico no âmbito do Tribunal de Contas da União[200].

[200] A Resolução n.º 259/2014, em seu artigo 3.º, reafirma que a autuação, a tramitação e a gestão documental e processual, no âmbito do TCU, serão realizadas em meio eletrônico, mas

Complementando o tema, é importante mencionar que a Portaria n.º 234[201] permitiu regulamentar o serviço de acesso às informações processuais produzidas ou custodiadas pelo Tribunal por meio eletrônico, de forma a reduzir o deslocamento dos processos entre unidades, bem como dos responsáveis e/ou interessados às dependências do Tribunal, além de melhor resguardar o sigilo previsto na legislação.

Nesse ponto, enfatizamos a importância de a transparência no aspecto material se concretizar com a compilação dessas informações em apenas um ato normativo, a fim de proporcionar o adequado conhecimento de sua atuação.

3.2. Fiscalização e acesso às informações

3.2.1. Acesso aos autos dos processos de controle externo pelas partes

Nos autos dos processos de fiscalização de controle externo, o artigo 7.º, VII, *b*, da Lei n.º 12.527/2011 dispõe que o acesso à informação compreende, entre outros, o direito de obter conhecimento do resultado de inspeções, auditorias, prestações e tomadas de contas realizadas pelos órgãos de controle interno e externo, abrangendo exercícios anteriores.

Por outro lado, o artigo 7.º, § 3.º, da mesma lei dispõe que o direito de acesso aos documentos ou às informações utilizadas como fundamento da tomada de decisão e do ato administrativo será assegurado somente com a edição do ato decisório respectivo, ou seja, o conhecimento da informação pode ser postergado para depois da instrução do processo.

Além disso, o artigo 15 da Lei n.º 12.527/2011 dispõe que, nos casos de indeferimento de acesso às informações, poderá o interessado interpor recurso contra a decisão no prazo de dez dias, dirigido à autoridade hierarquicamente superior, que deverá se manifestar no prazo de cinco dias.

Em face do exposto, como conciliar esses dispositivos no âmbito de um processo de controle externo?

Considerando que o processo de controle externo é autuado e distribuído para um relator, no âmbito do Tribunal de Contas da União, os recursos decorrentes da negativa de acesso à informação devem ser

ao mesmo tempo permite que, em situações excepcionais, por meio de normativo específico, um processo corra em autos físicos, sem fazer qualquer menção a requisitos e motivos.

[201] Dispõe sobre a concessão de vista e cópia de autos de controle externo no âmbito do Tribunal e disciplina a utilização do meio eletrônico.

dirigidos ao Plenário, como ocorreu nos autos em que proferido o Acórdão n.º 1966/2018, de relatoria do Ministro José Múcio.

Tratava-se de recurso em face de decisão do Relator Ministro Benjamin Zymler, que negara ao ora recorrente acesso à tomada de contas, cujo objeto era apurar possíveis irregularidades no âmbito do Ministério da Saúde, relacionadas à aquisição do medicamento Trastuzumabe para utilização no SUS, via Parceria para o Desenvolvimento Produtivo (PDP).

O fundamento do recurso era o artigo 4.º, § 2.º, da Resolução n.º 249/2012, do Tribunal de Contas da União, que permite, em alguns casos, a divulgação total ou parcial dos documentos solicitados antes da prolação do respectivo ato decisório.

No entanto, o recorrente entendia que essa deveria ser a regra, e não a exceção, em observância, na sua compreensão, dos preceitos de publicidade e transparência.

No julgamento, tanto o relator como o Plenário entenderam que a concessão de cópia do processo poderia "comprometer a apuração e responsabilização das irregularidades identificadas pelo Tribunal" e, por conseguinte, negaram o acesso aos autos pelo interessado.

O Plenário afirmou em sua decisão que a deliberação recorrida seguiu rigorosamente as normas pertinentes ao tema (apresentou também a devida motivação para o indeferimento do pleito naquele momento), e, portanto, deveria negar provimento ao recurso, o que se mostra razoável a nosso ver.

É necessário enfatizar que a simples negativa de comprometimento da apuração e responsabilidade das irregularidades identificadas pelo Tribunal se apresenta um tanto genérica, e poderia ter sido mais bem fundamentada, bem como acrescida de eventuais informações sobre acesso à parte não sigilosa por meio de certidão, extrato ou cópia com ocultação da parte sob sigilo, nos termos do artigo 7.º, § 2.º, da Lei n.º 12.527/2011.

Contudo, nota-se que o Tribunal de Contas da União possui um procedimento que observa os ditames da Lei n.º 12.527/2011 quanto ao requerimento, negativa, recurso e decisão.

3.2.2. Acesso aos autos dos processos de controle externo pelos advogados

Quanto aos advogados e à solicitação de acesso aos autos dos processos de controle externo, a análise de arestos do Tribunal de Contas da União permitiu constatar que o artigo 7.º, XIII, da Lei n.º 8.906/1994 é utilizado como fundamento para disponibilização de autos de processos findos ou em andamento, mesmo sem procuração, ou ainda para a obtenção de cópias, com possibilidade de tomar apontamentos, salvo *quando não estiverem sujeitos a sigilo ou segredo de justiça*.

Mesmo com a letra fria da lei não despertando maiores discussões, uma advogada requereu, com fundamento no artigo 7.º, XV, da Lei n.º 8.906/1994, que permite vista dos processos judiciais ou administrativos de qualquer natureza, em cartório ou na repartição competente, acesso aos autos de processo de controle externo.

Houve negativa tanto do relator quando do Plenário[202] por entenderem que o direito do advogado sem procuração examinar, obter cópias, fazer apontamentos ou ter vista dos processos que estejam em andamento não se aplica aos processos de controle externo, pois apenas com a prolação da decisão de mérito surge o direito de acesso à informação.

Outrossim, afirmaram que, por ser a Lei de Acesso à Informação uma norma de hierarquia igual à do estatuto da OAB, esse argumento não poderia se sobrepor de maneira absoluta, mas limitado ao resultado dessas atividades com a edição do ato decisório respectivo, o que demonstra a correção da decisão e a acurada aplicação da Lei de Acesso à Informação.

Portanto, podemos concluir que a Corte de Contas também é cautelosa na divulgação das informações até que se concluam os procedimentos administrativos, em observância ao artigo 7.º, § 3.º, da Lei n.º 12.527/2011.

3.2.3. Acesso a informações pessoais pela fiscalização do Tribunal de Contas da União

O artigo 31, § 1.º, da Lei n.º 12.527/2011 dispõe que os dados pessoais relativos à intimidade, à vida privada, à honra e à imagem terão seu acesso restrito, independentemente de classificação de sigilo e pelo prazo máximo de 100 anos a contar de sua data de produção, aos agentes públicos *legalmente autorizados* e à pessoa a que eles se referirem.

[202] Acórdão n.º 2.223/2018, Rel. Min. Substituto Marcos Bemquerer.

O Plenário do Tribunal de Contas da União analisou o alcance desse trecho final, especificamente se a permissão de acesso era restrita aos agentes públicos do órgão ou entidade a que são vinculados, ou se estende aos agentes públicos da Corte de Contas, por meio do Acórdão n.º 2.609/2018, de relatoria do Ministro Walton Alencar Rodrigues.

O caso tratou especificamente de uma solicitação do Órgão de Contas em fiscalização de natureza operacional intitulada *Levantamento dos Riscos de Eficiência, Eficácia e Efetividade dos Programas de Inclusão Produtiva*, em que foram analisados o impacto do programa Bolsa Família e o acesso ao mercado formal de trabalho pelos jovens integrantes das famílias beneficiárias, com idade em torno de 18 anos.

O estudo, que utilizou técnicas econométricas avançadas de avaliação de impacto, foi realizado a partir dos dados do Cadastro Único, Folha de Pagamentos do Bolsa Família e RAIS, bases de dados disponíveis no Tribunal de Contas da União.

Os resultados permitiram concluir, com segurança, que existe um efeito do programa sobre os jovens, de tal forma que, em média, aqueles que permanecem mais tempo no programa tendem a ter menor acesso ao mercado formal de trabalho do que os jovens que deixam o programa mais cedo.

Para complementação da análise dos efeitos do programa Bolsa Família, o órgão de contas entendeu necessária a obtenção das bases de dados identificadas do Enem e do Censo da Educação Básica, ambas acessíveis no Instituto Anísio Teixeira (Inep), para viabilizar os cruzamentos de dados na aplicação das técnicas econométricas de avaliação de impacto. O Inep se recusou a fornecer, de forma integral, dados para a realização de auditoria operacional, condicionando o acesso às dependências do Instituto.

O Tribunal de Contas da União entendeu que o artigo 87[203], III, da Lei n.º 8.443/1992 assegura ao servidor desse Tribunal a prerrogativa de

[203] "Art. 87. Ao servidor a que se refere o artigo anterior, quando credenciado pelo Presidente do Tribunal ou, por delegação deste, pelos dirigentes das unidades técnicas da secretaria do Tribunal, para desempenhar funções de auditoria, de inspeções e diligências expressamente determinadas pelo Tribunal ou por sua Presidência, são asseguradas as seguintes prerrogativas:
I – livre ingresso em órgãos e entidades sujeitos à jurisdição do Tribunal de Contas da União;
II – acesso a todos os documentos e informações necessários à realização de seu trabalho;

requerer, nos termos do Regimento Interno, aos responsáveis pelos órgãos e entidades objeto de inspeções, auditorias e diligências, as informações e documentos necessários para instrução de processos e relatórios.

O Inep, por sua vez, argumentou que os editais relacionados à aplicação do Enem condicionavam o acesso às informações pessoais, educacionais, socioeconômicas e os resultados individuais à autorização expressa do participante.

Ao mesmo tempo, o Tribunal de Contas da União redarguiu que os próprios editais do Enem permitiam o uso dos dados pessoais no âmbito de programas governamentais, e o artigo 86, IV, da Lei n.º 8.443/1992 obriga o servidor a guardar sigilo sobre dados e informações obtidos em decorrência do exercício de suas funções, havendo falar apenas em transferência de conteúdo. Portanto, com amparo em sua própria legislação, entendeu que o conceito de *agente legalmente autorizado* previsto na Lei de Acesso à Informação a ela se estende e, ao final, acessou as informações e as utilizou na análise dos efeitos do programa Bolsa Família.

3.2.4. Decretação de sigilo a requerimento da parte

Em que pese a possibilidade de decretação de sigilo aos autos dos processos de controle externo, nos termos dos artigos 108 da Lei n.º 8.443/1992 e 22 da Lei n.º 12.527/2011, o Tribunal de Contas da União tem demonstrado que essa aplicação deverá ocorrer sempre em caráter excepcional.

Em autos de tomada de contas especial, que tratou de representação acerca de irregularidades na concessão de auxílios e de bolsas de estudo no âmbito da Universidade Federal do Paraná (UFPR), foi quantificado o desvio de recursos públicos no valor de R$ 7.343.333,10, distribuído entre 27 beneficiários que não possuíam curso superior, tampouco estavam frequentando qualquer curso universitário.

Verificou-se ainda que a quase totalidade dessas pessoas exerceu ou vinha exercendo atividades que não exigiam qualificação superior, e uma das defesas formuladas requereu a decretação do sigilo.

III – competência para requerer, nos termos do Regimento Interno, aos responsáveis pelos órgãos e entidades objeto de inspeções, auditorias e diligências, as informações e documentos necessários para instrução de processos e relatórios de cujo exame esteja expressamente encarregado por sua chefia imediata."

A Relatora Ministra Ana Arraes[204] decidiu que, no âmbito da Administração Pública, prevalece o princípio da publicidade, e, portanto, pedidos de atribuição de sigilo devem indicar com precisão os documentos cuja publicidade deve ser restringida, bem como o amparo legal para justificar a classificação de matéria como sigilosa, o que não foi feito pelo requerente, inviabilizando a concessão do pedido.

Em outro processo[205] de controle externo, decorrente de uma fiscalização da Controladoria-Geral da União, o Tribunal de Contas da União determinou ao primeiro que no exercício de suas atribuições de controle interno não apusesse sigilo, por intermédio de tarjas ou outros meios que possam elidir a identificação de responsáveis em sede de tomada de contas.

Nessa análise, podemos perceber que o órgão não distinguiu tecnicamente a publicidade da transparência, mas tem agido de maneira a exigir fundamentos que realmente demonstrem a imprescindibilidade da decretação do sigilo, seja a pedido da parte ou ainda pelo controle interno.

3.2.5. Acesso à identidade do denunciante e ao objeto da denúncia – Lei n.º 13.866/2019

A Carta Magna assegura em seu artigo 5.º, IV e V, a livre manifestação do pensamento, sendo vedado o anonimato, bem como garante o direito de resposta, proporcional ao agravo, sem prejuízo da indenização por dano material, moral ou à imagem.

Na mesma linha, o inciso XXXIII do mesmo dispositivo constitucional afirma que todos têm direito a receber dos órgãos públicos informações de seu interesse particular, ou de interesse coletivo ou geral, sob pena de responsabilidade, ressalvadas aquelas cujo sigilo seja imprescindível à segurança da sociedade e do Estado.

À época da edição da Lei Orgânica do Tribunal de Contas da União, seu artigo 55, *caput* e § 1.º, dispunha que, no resguardo dos direitos e garantias individuais, seria permitido o tratamento sigiloso às denúncias formuladas, até decisão definitiva sobre a matéria, mantendo ou não o sigilo quanto ao objeto e à autoria da denúncia.

Logo, a Corte, em 2003, aplicou o dispositivo, negando o direito de conhecimento da identidade do denunciante a um diretor do Porto de

[204] Acórdão n.º 95/2019, Plenário, Rel. Min. Ana Arraes.

[205] Acórdão n.º 1195/2018, Plenário, Rel. Min. Augusto Sherman Cavalcanti.

Docas, que teve sua vida investigada em razão de denúncias que se mostraram infundadas.

Na sequência da negativa, o diretor do Porto de Docas impetrou um Mandado de Segurança autuado sob o n.º 24.405-4/DF perante o Supremo Tribunal Federal, que declarou a inconstitucionalidade do § 1.º do artigo 55, com fundamento exatamente nos mencionados incisos do artigo 5.º da Constituição Federal; vencido o Ministro Ayres Britto, que restringia a vedação do anonimato à emissão do pensamento no plano intelectual, assim como o acesso a documentos ser circunscrito à informação de atos e procedimentos da Administração Pública.

Novamente o legislador, no dia 26 de agosto de 2019, por meio da Lei n.º 13.866, repetiu essa possibilidade de o TCU manter o sigilo do objeto e da autoria da denúncia, mas acrescentou as hipóteses em que isso poderá ocorrer: quando imprescindível à segurança da sociedade e do Estado.

Para Juliana Bonacorsi, a Lei n.º 13.866/2019 é um grande avanço, pois medidas de proteção àqueles que reportam ilícitos de modo sério e efetivo são lícitas. Entretanto, a nova medida de proteção da identidade não seria suficiente, porque o potencial denunciante não tem previsibilidade sobre como seu relato será compreendido pelo Tribunal de Contas da União quanto à imprescindibilidade à segurança da sociedade e do Estado[206].

Em nosso entendimento o novo ato legislativo em nada se compara a uma medida de proteção para aqueles que reportam ilícitos de modo sério e efetivo, na medida em que o § 2.º do mesmo artigo 55 é expresso ao dispor acerca da imunidade do denunciante nas esferas administrativas, cível ou penal, afastando a imunidade nos casos de comprovada má-fé.

Além disso, restringe não apenas o acesso ao denunciante, mas também ao objeto da denúncia, o que dificulta sobremaneira o exercício da defesa pela parte denunciada, que sequer poderá saber do teor da denúncia.

Outrossim, é importante destacar que os parâmetros para a classificação das informações em graus estão disciplinados no § 5.º do artigo 24 da Lei n.º 12.527/2011, que faz menção ao risco de dano à segurança da sociedade e do Estado, sendo despiciendo esse reforço na Lei Orgânica do Tribunal de Contas da União:

[206] Fonte: https://www.jota.info/opiniao-e-analise/colunas/controle-publico/o-novo-regime-de-protecao-da-identidade-do-denunciante-junto-ao-tcu-18092019. Acesso em: 18 set. 2019.

§ 5.º Para a classificação da informação em determinado grau de sigilo, deverá ser observado o interesse público da informação e utilizado o critério menos restritivo possível, considerados:

I – a gravidade do risco ou dano à segurança da sociedade e do Estado; e

II – o prazo máximo de restrição de acesso ou o evento que defina seu termo final.

Ademais, as exceções ao direito de acesso à informação devem ser interpretadas em caráter restritivo, de acordo com o artigo 24 da mesma Lei de Acesso à Informação, pois a recusa de divulgação de informações não pode proteger ninguém de seus atos ilícitos.

Para controlar a legitimidade das limitações a esse direito, há um Marco Jurídico Interamericano dispondo sobre o teste tripartite[207], que deve questionar os seguintes pontos: (i) as informações são relacionadas a um objetivo legítimo registrado na lei?; (ii) a divulgação ameaça causar danos substanciais a esse objetivo?; e (iii) o dano ao objetivo precisa ser maior do que o interesse público de ter as informações?

Muito embora não faça parte do teste tripartite descrito *supra*, um limite temporal para a retenção das informações ajuda a assegurar que danos "envelhecidos" não sirvam para manter as informações em sigilo indefinidamente, pois dificilmente o risco de divulgação em 15 ou 20 anos exerce um interesse-chave protegido por essa exceção[208].

Ao nosso ver, o Tribunal de Contas da União deve garantir a anonimização[209] dos dados pessoais daquele que de boa-fé informa a ocorrência de determinado fato, bem como disponibilizar o teor da denúncia para

[207] Marco jurídico interamericano sobre o direito à liberdade de expressão. Fonte: https://www.oas.org/pt/cidh/expressao/docs/publicaciones/20140519%20-%20PORT%20Unesco%20-%20Marco%20Juridico%20Interamericano%20sobre%20el%20Derecho%20a%20la%20Libertad%20de%20Expresion%20adjust.pdf. Acesso em: 5 de jul. de 2019.

[208] MENDEL, Toby. *Liberdade de informação*: um estudo de direito comparado cit., p. 109.

[209] Lei n.º 13.709/2018 – Lei Geral de Proteção de Dados:

"Artigo 5.º Para os fins desta lei, considera-se:

III – dado anonimizado: dado relativo a titular que não possa ser identificado, considerando a utilização de meios técnicos razoáveis e disponíveis na ocasião de seu tratamento;

[...]

XI – anonimização: utilização de meios técnicos razoáveis e disponíveis no momento do tratamento, por meio dos quais um dado perde a possibilidade de associação, direta ou indireta, a um indivíduo".

que a parte possa se defender. Em contrapartida, em caso de evidente má-fé do denunciante, deve o Tribunal de Contas da União viabilizar sua identificação para a proteção da honra daquele que sofreu.

Portanto, entendemos que a nova redação padece do mesmo vício de inconstitucionalidade já declarada pelo Supremo Tribunal Federal, pois as alegações de resguardo da segurança da sociedade e do Estado não podem amparar denúncias cujo autor e conteúdo possuam evidente má-fé.

Com amparo nas lições de Daniel Sarmento[210], rememoramos que a liberdade de expressão não constitui um direito absoluto. Não se pode proteger a pessoa que grita "fogo!" no interior de um cinema lotado.

Em determinadas hipóteses, algumas opiniões e fatos contidos em denúncias podem desembocar em um denuncismo e prejudicar a honra e a reputação das pessoas envolvidas, o que leva à conclusão de que o modelo constitucional demanda a responsabilidade daqueles que eventualmente abusarem do direito de expressão.

Para Ingo Wolfgang Sarlet[211], a honra é um bem imaterial, atrelado à dignidade da pessoa humana, e abrange o bom nome e a reputação. Além disso, possui uma face positiva, o dever de proteção do Estado, e uma negativa, o poder de se opor a qualquer afetação ilegítima de terceiro.

José Adércio Leite Sampaio[212] afirma que o direito à intimidade abrange a honra na medida em que toda nova informação sobre a pessoa altera seu conceito social e implica a mudança de seu espaço de intimidade. Portanto, a informação desabonadora importa na sua desvalorização.

Na mesma linha, o artigo 187 do Código Civil considera que "também comete ato ilícito o titular de um direito que, ao exercê-lo, excede manifestamente os limites impostos pelo seu fim econômico ou social, pela boa-fé ou pelos bons costumes".

[210] CANOTILHO, José Joaquim Gomes *et al. Comentários à Constituição do Brasil.* São Paulo: Saraiva/Almedina, 2013. p. 257-259.

[211] SARLET, Ingo Wolfgang; MARINONI, Luiz Guilherme; MITIDIERO, Daniel. *Curso de direito constitucional.* 4. ed. ampl. São Paulo: Saraiva, 2015. p. 469-473.

[212] SAMPAIO, José Adércio Leite. *Direito à intimidade e à vida privada*: uma visão jurídica da sexualidade, da família, da comunicação e informações pessoais, da vida e da morte. Belo Horizonte: Del Rey, 1998. p. 378.

Logo, é necessário conciliar a interpretação do dispositivo com outros da Carta Magna, principalmente em casos evidentes de denuncismo, na medida em que há vedação ao anonimato e necessidade de tutelar a honra como um direito fundamental.

Dessarte, pensamos ser despicienda essa nova escolha legislativa que, a despeito da liberdade assegurada pelo Supremo Tribunal Federal[213] para a nova edição de leis cujo conteúdo já tenha sido declarado inconstitucional, merece reprimenda nos mesmos moldes do Mandado de Segurança n.º 24.405-4/DF impetrado perante o Supremo Tribunal Federal.

3.2.6. Ampla defesa – citação e notificação

A Lei Orgânica do Tribunal de Contas da União no artigo 31 dispõe que em todas as etapas do julgamento de contas será assegurada a ampla defesa.

Ocorre que a fluidez de suas atribuições constitucionais permite o exercício de inúmeros procedimentos, o que nos leva à conclusão de que não existem somente os processos de contas, que se dividem em anuais (contas de governo[214] e contas de gestão[215]) e especiais[216].

O Regimento Interno disciplina os instrumentos de fiscalização, tais como levantamentos, auditorias, inspeções, acompanhamentos e monitoramentos.

[213] "[...] A eficácia geral e o efeito vinculante de decisão, proferida pelo Supremo Tribunal Federal, em ação direta de constitucionalidade ou de inconstitucionalidade de lei ou ato normativo federal, só atingem os demais órgãos do Poder Judiciário e todos os do Poder Executivo, não alcançando o legislador, que pode editar nova lei com idêntico conteúdo normativo, sem ofender a autoridade daquela decisão" (Reclamação n.º 2.617, Rel. Min. Cezar Peluso, j. 23.02.2005, *DJ* 20.05.2005).

[214] Artigos 49, IX, e 71, I, da CF.

[215] Artigos 71, II, da CF e 7.º da Lei n.º 8.443/1992, que analisarão a conformidade (legalidade, legitimidade e economicidade) das contas e o desempenho (eficácia, eficiência, efetividade e economicidade) da gestão.

[216] Artigo 8.º da Lei n.º 8.443/1992 que, diante da omissão no dever de prestar contas, da não comprovação dos recursos repassados pela União, da ocorrência de desfalque ou desvio de dinheiro, bens ou valores públicos, ou, ainda, da prática de qualquer ato ilegal, ilegítimo, ou antieconômico que resulte dano ao erário, a autoridade administrativa, sob pena de responsabilidade solidária, deverá imediatamente adotar providências com vistas à instauração da tomada de contas especial para apuração dos fatos, identificação dos responsáveis e quantificação do dano.

O ponto em comum em todos os casos é a finalidade de apurar a regularidade ou a legalidade dos atos praticados por gestores de bens ou valores considerados públicos.

Por se tratar de um mandamento constitucional previsto no artigo 5.º, LV, que impõe aos litigantes em processo judicial ou administrativo o contraditório e a ampla defesa, entendemos que o direito a ter conhecimento dos processos se encontra albergado pela transparência, especificamente quando da comunicação dos atos por meio da citação e da notificação.

A Resolução n.º 170, de 30 de junho de 2004[217], dispõe sobre a forma preferencial de comunicação dos atos processuais pelos seguintes meios: (i) correio eletrônico, fac-símile ou telegrama; (ii) servidor designado; (iii) carta registrada, com aviso de recebimento; (iv) edital publicado no Diário Oficial da União, quando o seu destinatário não for localizado e nas hipóteses em que seja necessário o exercício de defesa.

No entanto, é importante destacar que a Corte entende inexistir uma ordem de preferência nessas modalidades de comunicação, tampouco a obrigatoriedade de usar mais de um dos meios[218], o que em nossa opinião reduz a possibilidade de a parte ter pleno conhecimento da tomada de contas, reduzindo a transparência e, por consequência, o exercício do contraditório e da ampla defesa.

A par disso, o Tribunal de Contas da União demonstra que valoriza, e muito, a citação como ato de comunicação do responsável ou interessado para se defender em um processo de índole sancionatória, a ponto de anular o ato realizado na pessoa do procurador constituído, quando ausente no instrumento de procuração cláusula conferindo poderes expressos para receber citações em nome do representado[219].

Em outra hipótese, manifestou-se no sentido de que a ausência ou algum vício na citação em processo julgado à revelia representa nulidade processual absoluta, ensejando a nulidade do acórdão[220].

Ao mesmo tempo, é necessário destacar que para o Tribunal de Contas da União a nulidade da citação não implica vício no despacho que ordenou

[217] Dispõe sobre a elaboração e a expedição das comunicações processuais emitidas pelo Tribunal de Contas da União.

[218] Acórdão n.º 586/2019, 2.ª Câmara, Rel. Min.-substituto Marcos Bemquerer.

[219] Acórdão n.º 4.434/2019, 1.ª Câmara, Rel. Min. Bruno Dantas.

[220] Acórdão n.º 960/2018, Plenário, Rel. Min. Benjamin Zymler.

sua realização, permanecendo válida, portanto, a causa de interrupção da prescrição[221].

Ademais, se for reconhecida em sede de recurso a nulidade da citação, podem os argumentos recursais ser recebidos como alegações de defesa, sem prejuízo da apresentação de novas alegações, considerando-se refeita a citação por meio da notificação do acórdão que tornou insubsistente a condenação, com fundamento no princípio da celeridade processual[222].

Quanto à citação por edital, o Plenário já se manifestou no sentido de que a não localização do responsável no endereço constante do Cadastro de Pessoas Físicas da Receita Federal não é capaz, por si só, de gerar a presunção de que a pessoa se encontra em lugar desconhecido e incerto para justificar sua notificação por esse meio, na medida em que devem ser realizadas pesquisas em cadastros de órgãos públicos, concessionárias de serviços públicos, ou até mesmo na internet, incluindo redes sociais[223].

Mais recentemente, em sentido contrário, a 1.ª Câmara entendeu que o responsável não pode arguir nulidade de comunicação processual por desatualização de endereço constante da base da Receita Federal, pois é seu dever manter atualizada a informação sobre seu domicílio na base de dados oficial[224].

No que toca às notificações, o Tribunal de Contas, em seus arestos, já declarou a nulidade quando a publicação da pauta de julgamento constou o nome do estagiário, ainda que existisse autorização ou substabelecimento de advogado regularmente constituído, aderindo efetivamente a suas normas internas (artigo 179, § 7.º, do Regimento Interno) e alterando o entendimento anterior[225].

Na mesma linha, considera nulidade insanável quando ausente, na pauta da sessão de julgamento, a intimação de advogado legalmente constituído, assim como seu nome incorretamente publicado[226], por entender prejudicado o direito de requerer a sustentação oral e apresentar memoriais previamente à sessão[227].

221 Acórdão n.º 3.774/2018, 2.ª Câmara, Rel. Min. José Múcio Monteiro.

222 Acórdão n.º 4.840/2018, 2.ª Câmara, Rel. Min. José Múcio Monteiro.

223 Acórdão n.º 6.842/2016, Plenário, Rel. Min. Augusto Nardes.

224 Acórdão n.º 9.805/2019, 1.ª Câmara, Rel. Min.-Substituto Marcos Bemquerer.

225 Acórdão n.º 889/2019, Plenário, Rel. Min. Benjamin Zymler.

226 Acórdão n.º 994/2016, Plenário, Rel. Min. Raimundo Carneiro.

227 Acórdão n.º 808/2019, 2.ª Câmara, Rel. Min. Raimundo Carneiro.

Em outro caso, ainda que a parte não possua advogado, mas sim um procurador constituído, e este não é devidamente intimado sobre a pauta de julgamento, também considera o ato írrito[228].

Recentemente, a 2.ª Câmara[229] também afirmou que o pedido de sustentação oral, quando não apreciado, enseja a nulidade do acórdão proferido por evidente erro de procedimento.

Por conseguinte, podemos concluir que o órgão de contas valoriza a citação e a intimação das partes como formas de assegurar a transparência de suas ações.

3.2.7. Acordo de leniência

Os acordos de leniência são negócios jurídicos administrativos celebrados pelo Poder Público com os particulares, no âmbito de um processo administrativo punitivo, em que, em troca de uma redução de pena, há um comprometimento da pessoa jurídica em fornecer elementos de prova que elucidem os ilícitos previstos na Lei Anticorrupção (Lei n.º 12.846/2013) e reduzam o prejuízo do erário público (artigo 16).

No Brasil, a aplicação do instituto passou a ocorrer após o advento da Medida Provisória n.º 2.055/2000, convertida na Lei n.º 10.149/2000, que acresceu dispositivos à Lei n.º 8.884/1994 (Lei do Conselho Administrativo de Defesa Econômica)[230].

Mesmo após sua revogação pela Lei n.º 12.529/2011, o acordo de leniência voltado à cessação de infrações à ordem econômica manteve-se. Com a promulgação da Lei n.º 12.846/2013 (Lei Anticorrupção), sua utilização se ampliou com a diferença que nesta última somente pessoas jurídicas

[228] Acórdão n.º 1.795/2017, Plenário, Rel. Min. Augusto Sherman.

[229] Acórdão n.º 7.716/2019, 2.ª Câmara, Rel. Min. Augusto Nardes.

[230] A título de exemplo, a Resolução de Diretoria Colegiada da Agência Nacional de Saúde (ANS) n.º 372/2015 e a Resolução n.º 5.823/2018 da Agência Nacional de Transportes Terrestres (ANTT) disciplinaram o termo de compromisso de ajuste de conduta nas matérias de suas competências. No Acórdão n.º 2.121/2017, o Plenário do Tribunal de Contas da União consignou que "não há necessidade de lei específica ou de decreto regulamentador para o exercício da faculdade de celebração de Termos de Compromisso de Ajustamento de Conduta (TAC) pelas autarquias, inclusive agências reguladoras, uma vez que o art. 5.º, inciso IV c/c § 6.º, da Lei 7.347/1985 (Lei da Ação Civil Pública) já confere a essas entidades tal competência. A regulamentação específica é feita por normativo da própria autarquia, a quem incumbe detalhar os procedimentos do instrumento negocial".

podem participar, possui prêmios menos benéficos do que na repressão de infrações à ordem econômica e a reparação do dano continua a ser uma obrigação, ainda que o acordo se confirme.

As negociações são sigilosas, facultando-se a manutenção do sigilo para preservar as investigações no âmbito de processo administrativo (artigo 16, § 6.º).

Contudo, as negociações prévias devem ser dotadas de ampla transparência exclusivamente *inter partes*, e sempre em um processo administrativo em que ao final será proferida uma decisão de natureza punitiva ou absolutória.

Segundo Thiago Marrara[231], os acordos de leniência devem ser dotados de fatores extrajurídicos para seu bom funcionamento, quais sejam: (i) transparência; (ii) credibilidade; e (iii) efetividade dos benefícios.

A transparência diz respeito à possibilidade de o infrator obter informações de maneira rápida e clara sobre os procedimentos de diálogo e negociação, a extensão do programa, as obrigações de cada parte do acordo, os benefícios potenciais, os custos e os riscos, sobretudo no tocante à esfera de responsabilização não coberta pela leniência.

Essa transparência é essencial atualmente em razão da possibilidade de inúmeros órgãos firmarem esse acordo e da necessidade de segurança acerca do adequado cumprimento, seja no âmbito administrativo ou judicial, considerando que a Corte de Contas, em alguns casos, ignora o acordo e penaliza a pessoa física e a jurídica novamente, o que só faz aumentar a insegurança jurídica[232].

A credibilidade decorre da postura das entidades e órgãos em gerar uma confiança aos infratores para a colaboração, assim como assegurar que as propostas serão analisadas e o acordo como um todo será examinado com seriedade.

[231] MARRARA, Thiago; DI PIETRO, Maria Sylvia Zanella. *Lei anticorrupção comentada*. 2. ed. Belo Horizonte: Fórum, 2018. p. 189-190.

[232] A Comissão Especial de Direito da Infraestrutura do Conselho Federal da Ordem dos Advogados, sugeriu a propositura de uma Arguição de Descumprimento de Preceito Fundamental perante o STF para definir a competência na celebração dos acordos de leniência previstos na Lei Anticorrupção e a autoridade de seus termos perante os demais órgãos controladores, de modo a prestigiar o princípio da segurança jurídica. Fonte: https://www.conjur.com.br/2019-set-04/marcos-meira-rafael-valim-seguranca-juridica-acordos-leniencia. Acesso em: 3 set. 2019.

A efetividade consiste em demonstrar que a colaboração valerá mais a pena que a não cooperação. Ao mesmo tempo, deverá o acordo aplicar uma sanção maior que o benefício praticado pelo infrator e, por isso, o artigo 6.º, I, da Lei Anticorrupção impõe que a multa não poderá ser inferior à vantagem auferida, quando possível sua estimação.

Entretanto, essa sanção deve ser obrigatoriamente mais leve que a aplicada a todos os outros que não cooperaram. O artigo 17 da mesma lei permitiu a transação também em quaisquer dos ilícitos previstos nos artigos 86 a 88 da Lei n.º 8.666/1993, e da mesma forma na Lei nº 14.133/2021.

No âmbito da União, o artigo 16, § 10, atribui à Controladoria-Geral da União[233] a celebração do acordo de leniência.

A Regulamentação ocorreu por meio do Decreto n.º 8.420/2015 e da Portaria Conjunta n.º 4, de 9 de agosto de 2019, que confere à Advocacia-Geral da União a atuação na negociação, celebração e acompanhamento dos acordos de leniência.

Conforme a Portaria conjunta, a proposta de acordo tramitará em sigilo e o acesso será restrito aos membros da comissão, salvo se o proponente autorizar a divulgação ou o compartilhamento. Sua divulgação poderá ocorrer após a celebração, ressalvadas as hipóteses de sigilo.

No entanto, é necessário o preenchimento de requisitos de ordem objetiva (deve ser celebrado por autoridade competente que manifeste expressamente sua vontade) e subjetiva (a pessoa jurídica infratora deve ser a primeira a manifestar interesse em cooperar para a apuração do ilícito, admitir sua participação e cessar completamente seu envolvimento no ato).

A manifestação e cooperação da pessoa jurídica devem resultar na identificação dos demais envolvidos na infração, quando couber, e na obtenção de informações e documentos que comprovem o ilícito.

Os benefícios são a isenção das sanções de (i) publicação extraordinária da decisão condenatória; (ii) proibição de receber incentivos, subsídios, subvenções, doações ou empréstimos de órgãos ou entidades públicas e de instituições financeiras públicas ou controladas pelo Poder Público,

[233] Desde o advento da Lei Anticorrupção e até junho de 2019, apenas nove acordos de leniência foram celebrados pela Controladoria-Geral da União em atuação conjunta com a Advocacia-Geral da União, com empresas investigadas, e vinte e dois estão em andamento.

pelo prazo mínimo de um e máximo de cinco anos; (iii) redução de até dois terços do valor da multa aplicável.

A Portaria Conjunta n.º 04/2019 da Advocacia-Geral da União vai além em seu artigo 12, III, ao permitir também que se isente ou atenue as sanções administrativas ou cíveis aplicáveis ao caso. A única ressalva diz respeito ao dano causado, que nunca será objeto de acordo, nos termos do artigo 16, § 3.º.

Apresentados um panorama sobre o conceito, os requisitos e as finalidades do acordo de leniência, o Tribunal de Contas da União editou a Instrução Normativa n.º 83/2018, determinando que a autoridade celebrante dos acordos de leniência deverá, em até cinco dias úteis, informar à Corte a instauração de processo administrativo específico de reparação integral do dano de que trata o art. 13 da Lei n.º 12.846/2013, bem como de procedimento administrativo para celebração de acordo de leniência.

Ressalte-se que anteriormente havia sido publicada uma Instrução Normativa (74/2015)[234], combatida no Supremo Tribunal Federal pela Advocacia-Geral da União (Mandado de Segurança n.º 34.031), para elidir o encaminhamento de informações ao Tribunal de Contas da União sobre os acordos de leniência em trâmite pela Controladoria-Geral da União antes mesmo de suas assinaturas, com o amparo da Suprema Corte.

Nitidamente, a Corte de Contas tentou estabelecer um mecanismo de controle prévio dos acordos de leniência que, na prática, significaria a usurpação da competência da Controladoria-Geral da União com relação

[234] "Art. 1.º A fiscalização dos processos de celebração de acordos de leniência inseridos na competência do Tribunal de Contas da União, inclusive suas alterações, será realizada com a análise de documentos e informações, por meio do acompanhamento das seguintes etapas:
I – manifestação da pessoa jurídica interessada em cooperar para a apuração de atos ilícitos praticados no âmbito da administração pública;
II – as condições e os termos negociados entre a administração pública e a pessoa jurídica envolvida, acompanhados por todos os documentos que subsidiaram a aquiescência pela administração pública, com inclusão, se for o caso, dos processos administrativos específicos de apuração do débito;
[...]
§ 1.º Em cada uma das etapas descritas nos incisos I a V, o Tribunal irá emitir pronunciamento conclusivo quanto à legalidade, legitimidade e economicidade dos atos praticados, respeitando a salvaguarda do sigilo documental originalmente atribuído pelo órgão ou entidade da administração pública federal."

à celebração dos acordos e, novamente, fora do modelo adotado constitucionalmente de controle *a posteriori*.

Quanto à Instrução Normativa n.º 83/2018, seu artigo 2.º dispõe que a Corte de Contas poderá requerer, a qualquer tempo, informações e documentos relativos às fases do acordo de leniência e nenhum documento poderá ser sonegado, nos termos do artigo 42 de sua Lei Orgânica.

Mais adiante, afirma que a fiscalização sobre os acordos de leniência seguirá as diretrizes do Plano de Controle Externo[235], considerando os critérios de risco, materialidade e relevância.

Ocorre que, conforme demonstramos, a fiscalização do Tribunal de Contas da União não pode, sob o argumento de aplicação do artigo 42 de sua Lei Orgânica, exigir a transparência para fins de fiscalização em qualquer fase de negociação do programa de leniência.

Com efeito, as fases da leniência dividem-se em qualificação (as autoridades públicas recebem propostas de negociação do acordo); negociação (após a ordenação dos interessados, o Estado inicia o estudo da primeira proposta qualificada); celebração (uma vez concluída a negociação, celebra-se o acordo); execução (início do cumprimento do acordo por conta e risco do infrator); e avaliação (nela se verifica se os objetivos do acordo foram atingidos e se o colaborador cumpriu suas obrigações).

Pela leitura do artigo 16, § 6.º, os acordos de leniência são sigilosos, inclusive com o objetivo de melhor solucionar os ilícitos e apurar o montante da multa adequadamente, o que nos leva à inexorável conclusão de que não é possível o exercício da fiscalização por parte da Corte com relação a qualquer uma das fases da leniência, mas somente ao final, com sua publicação, sendo aplicável o artigo 42 da Lei Orgânica somente nesta fase.

Além da exigência de transparência em atos que na verdade desestimulariam o próprio objetivo do acordo de leniência, importa destacar que o Tribunal de Contas da União vem se utilizando das informações presentes nesses atos para aplicar a pena de declaração de idoneidade às empresas.

[235] O Plano de Controle Externo 2017-2019 não prevê de maneira expressa um procedimento de fiscalização sobre acordos de leniência. Fonte: https://portal.tcu.gov.br/biblioteca-digital/planos-de-controle-externo-e-de-diretrizes-2017-2018.htm. Acesso em: 2 ago. 2019.

Frise-se que o Supremo Tribunal Federal[236] em decisão monocrática do eminente Ministro Gilmar Mendes ratificada pela 2ª Turma, suspendeu os efeitos do Acórdão n.º 1.036/2019, em que o Plenário do Tribunal de Contas da União aplicou a declaração de idoneidade à empresa Andrade Gutierrez, em uma tomada de contas instaurada para averiguar alegada fraude à licitação para contratação de serviços de montagem eletromecânica na Usina Angra 3, por compreender que tal ato poderia inviabilizar as atividades da empresa e o próprio cumprimento do acordo que isentava a empresa dessa penalidade pelos mesmos fatos.

Floriano Marques de Azevedo Neto[237], no mesmo sentido, expõe que, se o Estado brasileiro, por meio do Ministério Público Federal, firmou acordo homologado pelo Poder Judiciário assegurando que não seria aplicada a declaração de idoneidade, não poderia o Tribunal de Contas da União desprezar tal acordo decorrente de solução consensual.

Portanto, concluímos que o Tribunal de Contas da União não apresentou motivação suficiente que demonstrasse sua competência para fiscalizar os acordos de leniência, e, ao aplicar a declaração de idoneidade, deixou de observar as homologações do Poder Judiciário sobre os negócios jurídicos administrativos.

Além do mais, o Tribunal de Contas da União, ao editar a Instrução Normativa n.º 83/2018, que permite exigir, a qualquer tempo, informações e documentos relativos às fases do acordo de leniência, não aplicou o pragmatismo para aferir o quanto essa imposição desestimulou a celebração de novas negociações, ainda mais ao vedar o sobrestamento de inúmeros processos no âmbito de sua Corte, mesmo com a ciência do andamento de eventuais consensos no âmbito da Controladoria-Geral da União, conforme Acórdãos n.º 1.744/2018 e n.º 2.135/2018, ambos de Relatoria do Ministro Benjamin Zymler, e acompanhados pelo Plenário.

Ao mesmo tempo, o Ministro Benjamin Zymler, nos Acórdãos n.º 2.446/2018 e n.º 954/2019, permitiu o sobrestamento do processo no âmbito da Corte para aqueles que já haviam celebrado acordo de

[236] Mandado de Segurança n.º 36.496/DF.

[237] Disponível em: https://www.jota.info/paywall?redirect_to=//www.jota.info/opiniao-e-analise/artigos/importante-decisao-do-stf-fortalece-acordos-de-leniencia-24042018. Acesso em: 24 mai. 2018.

colaboração em que não existiam outras provas incriminadoras, a não ser aquelas decorrentes do termo de leniência, suspendendo o prazo de prescrição da pretensão punitiva do Tribunal de Contas da União até a manifestação dos órgãos signatários do ajuste quanto ao cumprimento ou descumprimento das obrigações pactuadas pelo responsável.

Ocorre que essa suspensão da prescrição é aplicada ao arrepio da Lei Anticorrupção, pois seu artigo 16, § 9.º, dispõe que a celebração do acordo de leniência interrompe o prazo prescricional, o que acarreta mais um fator de insegurança jurídica, pois ausente a transparência relacionada à origem dessa fundamentação.

Extrai-se, dessarte, a premente necessidade de o Tribunal de Contas alinhar seu entendimento às diretrizes da Lei Anticorrupção e criar um sistema de deferência ao avençado entre as partes no âmbito de um acordo de colaboração premiada ou leniência, a fim de que exista uma segurança jurídica e a correta transparência no tema.

Como hipótese a ser cogitada, podemos citar o Acórdão n.º 127/2019, de relatoria do Ministro-Substituto André de Carvalho, que reconheceu o acordo de colaboração premiada nos órgãos competentes, em razão de determinação expressa da Justiça Federal de Curitiba, impondo ao Tribunal de Contas da União a abstenção de utilizar as provas compartilhadas para decretar a indisponibilidade de ativos dos colaboradores ou lenientes.

Portanto, a Instrução Normativa n.º 83/2018, ao dispor em seu artigo 2.º que a Corte de Contas poderá requerer, a qualquer tempo, informações e documentos relativos às fases do acordo de leniência e nada poderá ser sonegado, está exigindo uma transparência, em que a lei permite a divulgação somente ao final do acordo, e poderá inclusive desestimular novas negociações.

3.2.8. Sessões reservadas

Conforme o artigo 108 da Lei n.º 8.443/1992, a regra geral é de que as sessões ordinárias do Tribunal de Contas serão públicas, sendo permitida a realização de sessões extraordinárias de caráter reservado para tratar de assuntos de natureza administrativa interna ou quando a preservação de direitos individuais e o interesse público o exigirem, mas sempre mediante a garantia de participação das partes envolvidas ou ainda de seus advogados, que terão acesso aos autos para obtenção de vistas, extração de cópias ou certidões.

Trata-se de dispositivo que possui fundamento diretamente no artigo 5.º, XXXIII[238] e LX[239], da Constituição Federal.

Visando regulamentar o tema, foi editada a Portaria n.º 112/1992, incluindo também a presença obrigatória do representante do Ministério Público de Contas.

Após a apreciação da denúncia ou conclusão do julgamento, o Tribunal pode decidir pelo levantamento do sigilo e tornar os autos públicos, constando da Ata da Sessão. Não se pode negar que as sessões reservadas são inerentes à atividade administrativa para determinados temas.

A Câmara dos Deputados, por exemplo, no artigo 48, § 1.º, do Regimento Interno (editado em 1989), afirma a possibilidade de que, a juízo da Comissão, as reuniões podem ser debatidas com a presença apenas dos funcionários em serviço na Comissão; ou ainda podem ser secretas, quando tiverem de deliberar sobre a declaração de guerra, ou acordo sobre a paz; ou, ainda, passagens de forças estrangeiras pelo território nacional, ou sua permanência nele.

No entanto, há diretrizes sobre o procedimento para a definição de um prazo durante o qual o arquivo ficará indisponível para consulta.

O Senado Federal também possui em seu Regimento Interno (artigo 190 e seguintes) a possibilidade de realizar sessões secretas, em que o presidente determinará a saída do plenário, tribunas, galerias e respectivas dependências, de todas as pessoas estranhas, inclusive funcionários da Casa, deliberando no início da sessão o assunto que motivou a convocação.

As sessões serão obrigatoriamente secretas quando o Senado tiver de se manifestar sobre declaração de guerra, acordo sobre paz e escolha de chefe de missão diplomática de caráter permanente.

Outrossim, nas Agências Reguladoras sempre houve discussão sobre a forma pela qual as sessões deveriam ser divulgadas.

[238] "XXXIII – todos têm direito a receber dos órgãos públicos informações de seu interesse particular, ou de interesse coletivo ou geral, que serão prestadas no prazo da lei, sob pena de responsabilidade, ressalvadas aquelas cujo sigilo seja imprescindível à segurança da sociedade e do Estado."

[239] LX – a lei só poderá restringir a publicidade dos atos processuais quando a defesa da intimidade ou o interesse social o exigirem."

Em maio de 2018, a imprensa[240] havia inclusive anunciado que seis de dez agências reguladoras transmitiam as reuniões ao vivo.

A notícia ainda afirmava que a Ancine, a ANP, a ANTAQ e a ANS não permitiam que o público tivesse acesso ao recinto, pois a legislação vigente à época era omissa quanto ao acesso, à forma e ao prazo de divulgação do teor dessas reuniões.

Após a edição da Lei n.º 13.848, de 25 de junho de 2019[241], que dispõe sobre a gestão, a organização, o processo decisório e o controle social das agências reguladoras, seu artigo 8.º passou a exigir que as reuniões deliberativas sejam públicas e gravadas em meio eletrônico, assim como a pauta seja divulgada no sítio da agência na internet com antecedência mínima de três dias úteis, vedando a deliberação de temas que não constem da pauta divulgada.

As únicas ressalvas a permitir sessões reservadas dizem respeito aos documentos sigilosos ou às matérias de natureza eminentemente administrativa.

Portanto, não se está aqui a afirmar sobre a impossibilidade da realização de sessões secretas, mas tão somente sobre a importância de definir critérios para que ocorra o controle social com relação aos temas, principalmente por meio da classificação da informação e da definição de um termo inicial e final de sigilo.

O Tribunal de Contas da União possui em seu sítio eletrônico a informação sobre as pautas das sessões reservadas extraordinárias, que entre o ano de 2000 a 2019 perfizeram o montante de 654.

Para demonstrar a importância de que os processos sigilosos tenham a data de início da classificação e a data final, foram pesquisados os processos das sessões reservadas a partir de 2000, e constatamos que ainda existem autos classificados como sigilosos com fundamento genérico no § 1.º do

[240] Disponível em: https://www.poder360.com.br/governo/seis-das-10-agencias-reguladoras-transmitem-reunioes-das-diretorias-ao-vivo/.

[241] Na mesma linha, ocorreram algumas alterações, ainda que pontuais, por exemplo, à ANTT e à Antaq, para determinar que as datas, as pautas e as atas das reuniões das Diretorias Colegiadas, assim como os documentos que as instruem, deverão ser objeto de ampla publicidade, inclusive por meio da internet.

Para a Anac também se impôs que as sessões deliberativas da Diretoria Colegiada destinadas a resolver pendências entre agentes econômicos, ou entre esses e usuários da aviação civil, devem ser públicas.

art. 108 da Lei n.º 8.443/1992 (Lei Orgânica do TCU) c/c o art. 22 da Lei n.º 12.527/2011[242].

No tocante aos processos de controle externo que ainda se encontram em sigilo, poder-se-ia alegar que o § 3.º do artigo 7.º permite que o acesso aos documentos ou às informações neles contidas ocorra somente após a edição do ato decisório respectivo.

Ocorre que dentre esses processos que ainda se encontram classificados como sigilosos alguns já estão em trâmite há mais de 11 anos, ou seja, já ultrapassaram o prazo mínimo de sigilo (cinco anos) pelo qual uma informação em caráter reservado pode permanecer.

Diante disso, é necessária a classificação dos processos de contas nos termos da Lei n.º 12.527/2011, pois a mera alegação genérica do artigo 108 da Lei n.º 8.443/1992, isto é, a decretação de sigilo para tratar de assuntos de natureza administrativa interna ou quando a preservação de direitos individuais e o interesse público o exigirem, não é suficiente.

É imprescindível a classificação do sigilo, utilizando-se da motivação prevista no artigo 23 e incisos da Lei n.º 12.527/2011, além da fixação de um prazo máximo para julgamento do processo, cujo interregno seja inferior a cinco anos (prazo mínimo para que uma informação de caráter reservado seja disponibilizada ao público), sob pena de manifesta incompatibilidade com a *ratio* da Lei de Acesso à Informação.

[242] Autos dos Processos n.º 007.949/2008-8, n.º 018.302/2009-5, n.º 016.059/2009-2, n.º 046.013/2012-1.

4.
A TRANSPARÊNCIA NA GESTÃO

4.1. Cargos em comissão

No dia 25 de fevereiro de 2016[243], o Plenário do Tribunal de Contas da União julgou um relatório de levantamento realizado pela Secretaria de Fiscalização de Pessoal (Sefip) envolvendo 278 unidades fiscalizadas, com o objetivo de identificar e avaliar riscos relativos à escolha e à investidura em funções de confiança e cargos em comissão, no âmbito da Administração Pública Federal, assim como de obter e dar transparência a informações acerca dos quantitativos, atribuições, requisitos de acesso e outros dados relevantes relacionados a esses cargos/funções.

Considerando as 278 unidades da amostra, a Administração Pública Federal, à época, era composta de 69,07% (773.814) servidores não comissionados, 25,51% (285.824) titulares de funções comissionadas e 5,42% (60.774) investidos em cargos em comissão, ou seja, o País encerrou 2015 com 60,7 mil cargos comissionados que não prestaram concurso público[244].

[243] Acórdão n.º 1332/2016, Plenário, Rel. Min. Vital do Rêgo.

[244] Outros pontos do levantamento: no grupo de servidores não comissionados, 8,67% são filiados a partidos políticos; do total de 285.824 ocupantes de funções comissionadas, 21.859 (7,65%) possuem filiação partidária, ao passo que nos cargos comissionados o percentual de ocupantes com filiação partidária sobe para 13,31%, isto é, há um acréscimo de 54% em relação ao mesmo índice dos não comissionados, o que na visão do Tribunal de Contas da União pode haver uma relação direta entre filiação partidária e a titularidade de cargo

Entre outros levantamentos, houve questionamento sobre a transparência das atribuições das funções comissionadas e dos cargos em comissão, os requisitos de acesso e o processo de seleção.

De modo geral, identificou-se que as atribuições e responsabilidades dos comissionados em posição de direção/chefia estão descritas em normativos internos dos órgãos e estão diretamente vinculadas às competências das unidades organizacionais e, no caso dos comissionados em posição de assessoramento, é comum não haver descrição alguma de suas atribuições e responsabilidades.

Foram identificados riscos como médio e alto, em razão da investidura em função comissionada e cargo em comissão de pessoa que não possui os requisitos e as competências necessárias ao desempenho das atribuições correspondentes.

O principal desses riscos[245], considerado alto na visão do Tribunal de Contas da União, é a ausência de definição dos requisitos de acesso e das competências desejáveis, os quais devem atender aos princípios da legalidade, da eficiência, da economicidade e da transparência, visando ao interesse público.

As entrevistas acerca do processo de escolha/investidura de comissionados e dos riscos associados aconteceram em cinco locais: Superior Tribunal de Justiça (Diretoria-Geral, Secretaria Judiciária e Secretaria de Gestão de Pessoas), Ministério da Educação (Secretaria Executiva, Secretaria de Regulação e Supervisão da Educação Superior e Coordenação Geral de Gestão de Pessoas), Ministério do Desenvolvimento Social (Secretaria

comissionado na Administração Pública Federal. Por último, constatou-se que 35,83% (R$ 3.471.969.465,52) do gasto total com servidores em exercício (R$ 9.688.664.058,05) é destinado aos comissionados, sendo 6,77% para os titulares de cargo comissionado e 29,06% para os titulares de funções comissionadas. Disponível em: https://portal.tcu.gov.br/lumis/portal/file/fileDownload.jsp?fileId=8A8182A1561E426001569F667F1372B7. Acesso em: 5 out. 2019.

[245] Apesar do envio do Aviso n.º 1255-GP/TCU, de 03.11.2015, bem como do Ofício n.º 16.188/2015-TCU/Sefip, de 23.10.2015, e diversos contatos realizados por *e-mail* e telefone (peças 233, 236 e 242), a equipe de fiscalização do Tribunal de Contas da União não foi recebida pelo Conselho Nacional de Justiça. Assim, não foi possível conhecer eventuais controles realizados pelo CNJ referentes ao processo de escolha e investidura de comissionados no âmbito do Poder Judiciário, tampouco sua visão sobre os riscos associados a esse processo. Fonte: https://portal.tcu.gov.br/lumis/portal/file/fileDownload.jsp?fileId=8A8182A1561E426001569F667F1372B7. Acesso em: 5 out. 2019.

Executiva, Secretaria Nacional de Renda de Cidadania e Coordenação--Geral de Gestão de Pessoas), Casa Civil (Subchefia de Assuntos Jurídicos e Secretaria Executiva) e Ministério do Planejamento (Secretaria de Gestão Pública).

Em todos os locais, os dirigentes disseram que, para escolher um profissional para ocupação de cargo subordinado, procuram por referências e indicações dos colegas do órgão ou de outros órgãos e utilizam-se de critérios baseados na experiência pessoal, como entrevistas, análise do histórico e da experiência profissional, mas não há normatização, tampouco requisitos para a seleção e investidura de profissionais para o exercício das funções comissionadas e para os cargos em comissão.

No Poder Judiciário, a Lei n.º 11.416/2006 define requisitos mínimos e a necessidade de elaboração de regulamento sobre o assunto:

> Art. 5.º Integram os Quadros de Pessoal dos órgãos do Poder Judiciário da União as Funções Comissionadas, escalonadas de FC-1 a FC-6, e os Cargos em Comissão, escalonados de CJ-1 a CJ-4, para o exercício de atribuições de direção, chefia e assessoramento.
>
> § 1.º Cada órgão destinará, no mínimo, 80% (oitenta por cento) do total das funções comissionadas para serem exercidas por servidores integrantes das Carreiras dos Quadros de Pessoal do Poder Judiciário da União, podendo designar-se para as restantes servidores ocupantes de cargos de provimento efetivo que não integrem essas carreiras ou que sejam titulares de empregos públicos, observados os requisitos de qualificação e de experiência previstos em regulamento.
>
> [...]
>
> *§ 3.º Consideram-se funções comissionadas de natureza gerencial aquelas em que haja vínculo de subordinação e poder de decisão, especificados em regulamento, exigindo-se do titular participação em curso de desenvolvimento gerencial oferecido pelo órgão.*
>
> *§ 4.º Os servidores designados para o exercício de função comissionada de natureza gerencial que não tiverem participado de curso de desenvolvimento gerencial oferecido pelo órgão deverão fazê-lo no prazo de até um ano da publicação do ato, a fim de obterem a certificação.*
>
> *§ 5.º A participação dos titulares de funções comissionadas de que trata o § 4.º deste artigo em cursos de desenvolvimento gerencial é obrigatória, a cada 2 (dois) anos, sob a responsabilidade dos respectivos órgãos do Poder Judiciário da União.*

[...]

§ 7.º Pelo menos 50% (cinquenta por cento) dos cargos em comissão, a que se refere o *caput* deste artigo, no âmbito de cada órgão do Poder Judiciário, serão destinados a servidores efetivos integrantes de seu quadro de pessoal, na forma prevista em regulamento.

§ 8.º Para a investidura em cargos em comissão, ressalvadas as situações constituídas, será exigida formação superior, aplicando-se o disposto nos §§ 3.º, 4.º e 5.º deste artigo quanto aos titulares de cargos em comissão de natureza gerencial.

Em que pese a publicação da Lei n.º 11.416/2006 ter ocorrido há quase dez anos, até o momento o Superior Tribunal de Justiça não concluiu a elaboração do regulamento exigido, e o Tribunal de Contas da União entendeu que a discricionariedade na escolha dos comissionados, na forma preconizada pelo artigo 37, V[246], do Texto Magno, deve ser interpretada à luz do princípio da eficiência.

Além disso, a seleção dos comissionados deve buscar a melhor relação custo-benefício para a sociedade, o que exige, entre outros fatores, a definição de requisitos adequados, sendo inclusive uma boa prática recomendada na Carta Ibero-Americana da Função Pública, aprovada na V Conferência Ibero-Americana de Ministros de Administração Pública e Reforma de Estado, realizada em junho de 2003, quando afirma ser necessária a elaboração de perfis de competências dos ocupantes dos cargos, devendo incorporar qualidades ou características centrais, que se presumem determinantes para a idoneidade da pessoa e o correspondente êxito no desempenho das tarefas.

Como possíveis ações, a Sefip recomendou a articulação com o Congresso Nacional para induzir a inclusão, nos normativos que dispõem sobre cargos em comissão e funções comissionadas, de exigência

[246] Carlos Ari Sundfeld e Rodrigo Pagani alertam que esa exceção expressa, justamente, o necessário reconhecimento de que, para o acesso a esses postos, a exigência de concurso pode se revelar impertinente, pois a partir destes que se imprime o norte, o rumo, a direção da atuação administrativa, de sorte a evitar que os concursados eventualmente se coloquem em desalinho com o plano a ser implementado e anulem os efeitos benéficos da saudável alternância do exercício do poder, própria do regime democrático. SUNDFELD, Carlos Ari; PAGANI, Rodrigo. *As empresas estatais, o concurso público e os cargos em comissão.* Fonte: http://bibliotecadigital.fgv.br/ojs/index.php/rda/article/view/42539/41306. Acesso em: 5 de out. 2019.

de definição de requisitos mínimos de qualificação, a exemplo da Lei n.º 11.416/2006, mas sem engessar a Administração Pública Federal, assim como a realização de auditoria operacional com o objetivo de verificar, por amostragem, o percentual de detentores de funções comissionadas e cargos em comissão que atendem aos requisitos mínimos identificados como boas práticas, e, por fim, divulgar boas práticas relativas ao recrutamento e seleção.

Esse estudo inclusive culminou com a edição do Decreto n.º 9.717, de 15 de março de 2019, que exigiu como critérios gerais para a ocupação de cargos a idoneidade moral e reputação ilibada; perfil profissional ou formação acadêmica compatível com o cargo ou a função para o qual tenha sido indicado; e não enquadramento nas hipóteses de inelegibilidade previstas no inciso I do *caput* do artigo 1.º da Lei Complementar n.º 64, de 18 de maio de 1990.

Além desses requisitos obrigatórios, os ocupantes de cargos em comissão deverão possuir, no mínimo, um dos seguintes critérios específicos: (i) possuir experiência profissional de, no mínimo, dois anos em atividades correlatas às áreas de atuação do órgão ou da entidade ou em áreas relacionadas às atribuições e às competências do cargo ou da função; (ii) ter ocupado cargo em comissão ou função de confiança em qualquer Poder, inclusive na Administração Pública indireta, de qualquer ente federativo por, no mínimo, um ano; (iii) possuir título de especialista, mestre ou doutor em área correlata às áreas de atuação do órgão ou da entidade ou em áreas relacionadas às atribuições do cargo ou da função; (iv) ser servidor público ocupante de cargo efetivo de nível superior ou militar do círculo hierárquico de oficial ou oficial-general; ou (v) ter concluído cursos de capacitação em escolas de governo em áreas correlatas ao cargo ou à função para o qual tenha sido indicado, com carga horária mínima acumulada de cento e vinte horas.

Esses requisitos alternativos aumentam com relação a exigências[247], conforme o nível do cargo ou função, além de facultar a realização de um

[247] O Supremo Tribunal Federal também fixou, em sede de repercussão geral, os seguintes requisitos:
a) a criação de cargos em comissão somente se justifica para o exercício de funções de direção, chefia e assessoramento, não se prestando ao desempenho de atividades burocráticas, técnicas ou operacionais;

processo seletivo, que leve em consideração (i) os resultados de trabalhos anteriores relacionados com as atribuições do cargo ou da função; (ii) a familiaridade com a atividade exercida no cargo em comissão ou na função de confiança; (iii) a capacidade de gestão; (iv) a capacidade de liderança; e (v) o comprometimento do candidato com as atividades do ente público.

Esses critérios podem ser dispensados, justificadamente, pelo Ministro de Estado titular do órgão em razão de peculiaridades do cargo ou do número limitado de postulantes para a vaga, sem prejuízo de que os órgãos e as entidades utilizem mecanismos de transparência ativa para disponibilizar, de maneira organizada e em formato aberto, os perfis de cada cargo em comissão e o currículo do ocupante deste.

A partir desse levantamento, a questão é: como o Tribunal de Contas da União nomeia seus funcionários comissionados e os cargos em comissão? Há um ato normativo que aplica, na prática, essas recomendações aos outros órgãos e entidades da Administração Pública, para efeito de divulgação de boas práticas?

Há observância das Normativas 20 e 21 da Intosai, cujos princípios 4 exigem altos padrões de integridade e comportamento ético, além da prevenção de conflitos internos de interesses e a transparência de suas próprias operações?

A resposta é negativa, na medida em que a Resolução n.º 273/2015 do Tribunal de Contas da União dispõe exclusivamente sobre as vedações para a designação para o exercício de cargo em comissão, como a existência de condenações em razão das práticas de atos ímprobos ou criminais, mas nada estabelece sobre os critérios para a seleção e contratação desses profissionais, e aí está a questão: por qual razão exigir dos outros o que não foi sequer implementado internamente?

Eis a necessidade de reflexão e de melhoria nesse aspecto.

b) tal criação deve pressupor a necessária relação de confiança entre a autoridade nomeante e o servidor nomeado;
c) o número de cargos comissionados criados deve guardar proporcionalidade com a necessidade que eles visam suprir e com o número de servidores ocupantes de cargos efetivos no ente federativo que os criar; e
d) as atribuições dos cargos em comissão devem estar descritas, de forma clara e objetiva, na própria lei que os instituir (Recurso Extraordinário n.º 1.041.2010, Rel. Min. Dias Toffoli, j. 27.09.2018, *DJe* 22.05.2019).

4.2. Participação e controle social

Para Odete Medauar, a participação e o controle da sociedade na Administração Pública representam um novo modo de ser do Estado contemporâneo, que implica efetiva coordenação de múltiplos grupos visando uma participação isenta no primeiro caso ou cogestora no segundo[248] do modelo burocrático estatal e, por consequência, resulta em um decréscimo da oposição entre autoridade e liberdade[249], assim como a busca de outros meios de controle, além do jurisdicional.

Contudo, ao analisarmos historicamente o tema, constataremos que na Grécia já havia a participação dos cidadãos no processo de tomada de decisões políticas em caráter deliberativo, ou seja, existia certa democratização da esfera pública local.

A diferença atualmente é que há uma busca pela participação da sociedade nas questões políticas e administrativas de maneira mais racional, isonômica e fundamentada na melhor técnica.

Seus efeitos são: a redução da discricionariedade e a atenuação da unilateralidade na formação dos atos administrativos, além das práticas contratuais baseadas no consenso.

No tocante ao TCU, o próprio artigo 74, § 2.º[250], da Magna Carta franqueia a qualquer cidadão, partido político, associação ou sindicato a possibilidade de denunciar irregularidades, assim como o artigo 37,

[248] "Há dois tipos de participação direta da sociedade: (i) a que se dá pelo voto direto e secreto, mediante os instrumentos de plebiscito e referendo; sob a forma de iniciativa popular; e, ou ainda pelos observatórios sociais; e (ii) a decorrente da participação na formulação e execução de políticas públicas que ocorre, via de regra, por meio de Conselhos. No primeiro caso, o cidadão está afastado da intimidade do Estado, preservando assim sua autonomia e independência, onde podemos falar de participação social pura ou própria. No segundo caso, o cidadão passa a fazer parte de uma estrutura institucionalizada que possui todos os seus regramentos em lei, onde é possível falar sobre a cogestão. Neste caso, sua participação se torna imprópria, pois passa, inclusive, a submeter-se às diversas instâncias de controle, incluindo-se o controle social". ROCHA, Diones Gomes da. *As duas faces de Jano dos Tribunais de Contas brasileiros no auxílio ao exercício do controle social sobre a Administração Pública*. 2017. Tese (Doutorado) – Fundação Getulio Vargas, São Paulo, 2017. Fonte: http://bibliotecadigital.fgv.br/dspace/handle/10438/18741. Acesso em: 5 out. 2019.

[249] MEDAUAR, Odete. *O direito administrativo em evolução* cit., p. 294-303.

[250] No mesmo sentido dispõem o artigo 53 da Lei n.º 8.443/1992 e o artigo 234 do Regimento Interno.

§ 3.º, prevê que lei disciplinará as formas de participação do usuário na Administração direta e indireta.

Ao mesmo tempo que se faz necessária a participação da sociedade na atuação da Administração Pública, reconhecemos os riscos de eventuais disfunções que o mau uso dessa exigência pode ensejar, como o bloqueio na tomada de decisões administrativas, sobressaindo dessa maneira a importância da fixação de premissas básicas nessas intervenções.

Igualmente reconhecemos que é preciso a sociedade melhor compreender a criação, o conteúdo e o escopo de um ato administrativo, seja de efeito abstrato e geral ou concreto e individual, assim como a necessidade de verificar se os resultados daquelas decisões estão ou não alcançando os objetivos desejados[251].

A ligação anteriormente unívoca entre Administração e coerção já não funciona com o mesmo automatismo de outrora, pois as referências simbólicas que colocavam o poder ao abrigo de qualquer contestação se apagaram assim que as decisões administrativas passaram a ser percebidas não como produtos de uma necessidade objetiva dos interesses comuns, mas como expressão dos interesses subjetivos dos que detêm o poderio social e impõem sua lei ao resto da sociedade[252].

Portanto, trata-se de controles perenes, sem contradizer ou se contrapor aos mecanismos clássicos de responsabilização, mas ao mesmo tempo despontam sensivelmente como dependentes de informação que deve ser disponibilizada pelo órgão ou entidade controlada.

Nessa linha, quais as ações desenvolvidas pelo Tribunal de Contas da União para se tornar permeável à sociedade e, ao mesmo tempo, atuar

[251] "Originalmente, o termo *social control* (comumente traduzido no Brasil para 'controle social') era referido como a capacidade de uma sociedade se autorregular de acordo com princípios e valores desejados (Janowitz, 1975). Foi empregado pela primeira vez nos Estados Unidos e, de acordo com Hollingshead (1941), introduzido no campo da sociologia por A. W. Small e G. E. Vincent, em 1894, por meio da obra *An Introduction to the Study of Society*. Contudo, não reflete o conceito brasileiro, que enfatiza o controle da sociedade sobre o Estado e teve maior ampliação após a redemocratização". ROCHA, Diones Gomes da. *As duas faces de Jano dos Tribunais de Contas brasileiros no auxílio ao exercício do controle social sobre a Administração Pública* cit., p. 74.

[252] CHEVALIER, Jacques; LOSCHAK, Danièle. *A ciência administrativa*. Lisboa: Publicações Europa-América, 1980. p. 95-136. (Colecção Saber.)

como auxiliar ou facilitador do controle social sobre a Administração Pública, inclusive nos moldes do Princípio 6 da ISSAI 20, que exige o monitoramento da visibilidade pública, os resultados e impacto por meio de *feedback* externo?

Para Ubiratan Diniz de Aguiar (Ministro do Tribunal de Contas da União), os instrumentos para interação do controle social com os órgãos de controle são: as ouvidorias, as representações[253] e as denúncias[254].

Floriano de Azevedo Marques Neto[255], por seu turno, propõe uma maior aproximação do poder político dos seus destinatários, sem engessar a atividade administrativa com sobreposição de controles, por intermédio das audiências públicas, consultas públicas e a institucionalização de organismos de representação da sociedade, como os comitês de fiscalização das atividades.

Entretanto, reconhece que a simples criação desses meios não implicará melhoria na prestação dos serviços sem a delimitação clara de objetivos e indicadores, tais como: o aperfeiçoamento da gestão pública no tocante a legalidade, efetividade e eficiência administrativa; e a melhoria nos

[253] Segundo o artigo 237 do Regimento Interno do Tribunal de Contas da União, os legitimados são: o MPU, os órgãos de controle interno, os congressistas e servidores públicos que tenham conhecimento de irregularidades em razão do cargo que ocupam, os tribunais de contas estaduais e municipais, as equipes de inspeção ou auditoria, as unidades técnicas do tribunal e outros órgãos ou entidades que detenham essa prerrogativa em razão de lei específica. Além destes, o artigo 113, § 1.º, da Lei n.º 8.666/1993 permite representações relacionadas a irregularidades no âmbito de licitações.

[254] AGUIAR, Ubiratan Diniz de; ALBUQUERQUE, Márcio André Santos de; MEDEIROS, Paulo Henrique Ramos. *A Administração Pública sob a perspectiva do controle externo*. Belo Horizonte: Fórum, 2011. p. 152-159.

[255] O eminente administrativista alerta que o tema foi inclusive objeto de elaboração de Anteprojeto de Lei Orgânica da Administração Pública Federal, reformulando o Decreto-lei n.º 200/1967, à semelhança dos trabalhos realizados pela Comissão Europeia, conforme a seguir:

"Do controle social

Art. 66. Controle social dos órgãos e entidades estatais é o exercido pela sociedade civil, por meio da participação nos processos de planejamento, acompanhamento, monitoramento e avaliação das ações da gestão pública e na execução das políticas e programas públicos.

Parágrafo único. O controle social visa ao aperfeiçoamento da gestão pública, à legalidade, à efetividade das políticas públicas e à eficiência administrativa" (MARQUES NETO, Floriano de Azevedo. Os grandes desafios do controle da Administração Pública cit., p. 730).

processos de planejamento, acompanhamento, monitoramento e avaliação da gestão pública[256].

A Organização Latino-americana e do Caribe de Entidades de Fiscalização Superior (OLACEFS) reconhece a participação social e, inclusive, criou indicadores[257] para quantificar seus efeitos.

No estudo, ficou demonstrado que o início da participação social ocorreu pela criação de portais da transparência, das respostas aos cidadãos, da criação de redes sociais e pela inclusão das organizações da sociedade civil como destinatárias das comunicações.

No entanto, além desses instrumentos, a OLACEFS analisou as parcerias entre as organizações da sociedade civil e os Tribunais de Contas para o aperfeiçoamento de fiscalizações em temas estratégicos, como gestão ambiental no Paraguai, e buscou avaliar (medir) o impacto dessas práticas de participação social na melhoria tanto do planejamento das auditorias quanto no seu desenvolvimento, de forma que a sociedade pudesse melhor compreender e assimilar os processos das entidades fiscalizadoras superiores.

Para tanto, sugeriu a criação de canais que permitam apresentar propostas de auditorias, inclusive mediante audiências públicas prévias; auditorias sociais; seminários; campanhas sobre corrupção e sobre transparência na gestão de serviços públicos; disseminação ativa de informes de auditoria; observatórios de gestão pública; apresentação pública de resultados de auditoria; e, ao final, a medição do impacto (efeitos positivos ou negativos) de cada qual desses atos.

Da mesma forma, a OCDE reconheceu que a América Latina é a região que mais possui práticas nessa área[258], mas há poucas experiências relacionadas a auditorias articuladas com organizações da sociedade.

[256] Yasser Gabriel também propõe o controle social no âmbito dos Tribunais de Contas Controle social da administração pública. Fonte: https://www.jota.info/paywall?redirect_to=//www.jota.info/opiniao-e-analise/colunas/controle-publico/controle-social-da-administracao-publica-17102017. Acesso em: 5 jul. 2018.

[257] Disponível em: https://www.olacefs.com/diagnostico-de-la-implementacion-de-indicadores-de-impacto-de-participacion-ciudadana-de-los-miembros-del-ctpc-olacefs/. Acesso em: 18 jul. 2019.

[258] "Joint audits do not replace however independent social audits developed by CSOs or SAIs' audits, but rather represent opportunities for creating joint value and fostering trust among the parties. In Argentina, Honduras, Mauritania, Peru (INFObras, see Box 19 below),

Buscando acompanhar essas diretrizes internacionais, a Portaria n.º 345, de 4 de dezembro de 2018, apresentou um roteiro para seu plano estratégico em vigor, a fim de "implementar parcerias com centros de ensino e pesquisa e com setores da sociedade organizada, como forma de otimizar o desempenho no cumprimento de sua missão e, ao mesmo tempo, promover o controle social da gestão pública".

O escopo é orientar suas ações no sentido de ser (i) sensível a mudanças de ambientes e riscos emergentes; (ii) comunicar-se de forma efetiva com as partes interessadas; e (iii) ser uma fonte confiável, independente e objetiva de conhecimento e de orientação para apoiar mudanças positivas no setor público, além de outros mecanismos exatamente como os criados pela OLACEFS, o que demonstra uma perfeita observância ao *soft law*.

A única ressalva é que as práticas de participação social possuem ainda caráter facultativo e não são vinculantes, o que denota a necessidade de melhorias no primeiro ponto (facultatividade), na medida em que o planejamento participativo anual do Tribunal de Contas da União, principalmente seu plano de controle, deve incluir o cidadão na discussão, seja individual ou coletiva, a fim de que ocorra uma re-regulação, ou seja, a substituição das regras onerosas por outras, mais adequadas à realidade social[259].

As informações advindas da sociedade civil passarão por uma avaliação que analisará sua suficiência (quanto maior o risco do Tribunal de Contas da União, mais necessária será a informação) e adequação (quanto maior o

and South Africa, there are different mechanisms to incorporate citizens' or civil society's input in audit processes, while in Mexico and Colombia, veedurias are SAI-promoted mechanisms for civil society to provide oversight over particular public projects. The impact of these mechanisms can be significant; however their effectiveness depends on the existence of particular conditions, including capacity and trust on both sides. Additionally, focus groups have been used in order to incorporate user feedback in the planning, design and implementation of audits" (UNDESA 2013). Supreme Audit Institutions and Stakeholder Engagement Practices – A stocktaking Report, p. 37-38. Fonte: https://www.effectiveinstitutions.org/media/Stocktake_Report_on_Supreme_Audit_Institutions_and_Citizen_Engagement_.pdf. Acesso em: 4 jul. 2019.

[259] ALMEIDA, Fernando Dias Menezes de. *Considerações sobre a "Regulação" no direito positivo brasileiro. Revista de Direito Público da Economia – RDPE*, Belo Horizonte, ano 1, n. 1, p. 69-94, jan./mar. 2003.

risco, mais qualidade será necessária na informação), e poderá ser recebida como denúncia ou relato sobre matéria externa.

A participação da sociedade deverá ocorrer por mecanismos de interação com as seguintes características: (i) comunicação bidirecional, de forma que ambas as partes possam enviar e receber informações; (ii) continuidade, de modo que a interação entre as partes não seja acidental, ou casualidade; (iii) prestação de contas, a fim de que o Tribunal informe à sociedade como sua contribuição influiu na decisão tomada; e (iv) independência, de maneira que, mesmo quando a sociedade apoie o controle externo exercido pelo Tribunal de Contas da União, o poder de decisão final em todos os assuntos permaneça com este.

A Portaria também elenca modelos que podem ser adotados para promover a participação da sociedade durante a fiscalização, quais sejam: (i) painéis de referência, onde serão projetados aspectos da gestão ou um determinado programa para obter a visão dos usuários dos serviços ou a perspectiva da sociedade; (ii) coleta de dados durante a análise preliminar do objeto.

Ao final da fiscalização, o mencionado ato normativo também permite que a sociedade obtenha informações por meio da difusão colaborativa dos resultados e audiências públicas.

Dessarte, verifica-se um grau de adesão às diretrizes internacionais nesse aspecto, e não somente da Intosai, mas também da OLACEFS, em que a prática foi aplicada no "Manual de Auditoria Operacional", submetido à consulta pública no ano de 2019.

CONCLUSÕES

Tendo em vista a importância da atuação institucional do Tribunal de Contas da União, aliada ao fato de a transparência ser, não somente, mas principalmente um conjunto de motivos de fato e de direito cuja ausência prejudica o exercício do contraditório e da ampla defesa (tanto no sentido formal quanto no material) e por se tratar de um conceito jurídico indeterminado que admite discricionariedade[260] tanto na estrutura quanto na formulação do conteúdo da norma, impactando na forma de disponibilização das informações ao criar uma miríade de interpretações

[260] A teoria monista defendia que os conceitos indeterminados conferiam discricionariedade à Administração. Esta doutrina era inspirada metodologicamente pela Jurisprudência dos Conceitos na medida em que sendo a ordem jurídica auto suficiente, esta questão, não podendo ser resolvida mediante o texto da lei, era um problema extra jurídico e encontrava fundamento político-constitucional na monarquia limitada e na subsequente legitimidade autocrática da Administração Pública visto que a solução não decorria da lei, pois a Administração agia no âmbito de um poder próprio do seu órgão superior (o rei). Já a doutrina dualista defende que a interpretação de conceitos indeterminados e a discricionariedade são realidades conceitualmente diferentes porque a interpretação é sempre a reconstrução da «mens legis» mesmo perante a insuficiência do respectivo texto, enquanto o poder discricionário é sinónimo de liberdade perante aquela. Esta doutrina era inspirada metodologicamente pela Jurisprudência dos Interesses na medida em que sempre que a norma era redigida com recurso a conceitos indeterminados obrigava o intérprete a uma ponderação dos interesses tidos em conta pelo legislador para, o próprio interprete, completar a norma. Esta doutrina encontra o seu fundamento numa ideia de submissão global da Administração ao Parlamento. CARDOSO, José António Martins Lucas. *Do problema dos conceitos jurídicos indeterminados no direito administrativo.* Revista Polis, nº 1, outubro-dezembro 1994, pp. 11-54.

e procedimentos distintos que muitas vezes prejudicam a adequada compreensão dos temas pelos membros da comunidade jurídica e pelos cidadãos, é necessária a implementação de *standards* (regras) para o adequado controle, seja ele externo, judicial ou social.

E entendemos de acordo com a denominada literatura do controle total sufragada na Alemanha por Hans Rupp e em Portugal por Diogo Freitas do Amaral, que há legitimidade do controle externo ou do Poder Judiciário em revisar os atos administrativos responsáveis por dar concretude aos assim denominados conceitos jurídicos indeterminados, pois se tratando de uma mera questão hermenêutica quanto mais avançado for o controle mais se garantirá a ligação da Administração à juridicidade[261], sem qualquer eiva de violação à separação dos poderes e funções.

E de forma a melhor auxiliar em quais pontos se admite o controle, esmiuçamos o conteúdo jurídico da transparência apresentando os aspectos subjetivo, objetivo, formal, material e temporal, com os temas que, em nossa percepção, devem ser aperfeiçoados no âmbito do Tribunal de Contas da União e, sem sombra de dúvidas nos demais Tribunais de Contas estaduais e nos municipais ainda existentes.

O aspecto subjetivo diz respeito aos sujeitos relacionados ao cumprimento e à exigência da transparência, dividindo-se em ativo (os legitimados a exigi-la) e passivo (os obrigados a disponibilizar documentos e informações).

Nesse sentido, constatamos que o artigo 12 da Resolução n.º 294, de 18 de abril de 2018, do Tribunal de Contas da União, permite que todos os servidores, inclusive funcionários terceirizados, do Tribunal de Contas da União classifiquem as informações no grau reservado, ao passo que a Lei n.º 12.527/2011, em seu artigo 27, II, permite somente que as funções de direção, comando ou chefia assim o façam, fator que demanda aprimoramento dos mecanismos internos.

[261] Estes autores limitam situações nas quais os tribunais se devem abster de efetuar o controle, especificamente nas situações denominadas de discricionariedade imprópria, que podem ser definidas como figuras conceitualmente diferentes do poder discricionário, mas que seguem o mesmo regime, tais como, liberdade probatória, discricionariedade técnica e justiça administrativa. CARDOSO, José Antonio Martins Lucas. *Do problema dos conceitos jurídicos indeterminados no direito administrativo*. Revista Polis, nº 1, outubro-dezembro 1994, pp. 11-54.

Outro ponto que merece aperfeiçoamento, pois em contrariedade ao artigo 29 da Lei n.º 12.527/2011, é a necessidade de que a autoridade ou outro agente público que classificar informação como ultrassecreta sempre encaminhe, por provocação ou de ofício, a uma autoridade hierarquicamente superior para a ratificação do ato, ou ainda para desclassificação ou redução do prazo de sigilo, ponto ausente na norma da Corte de Contas.

O Tribunal de Contas da União permite que o presidente, o relator ou os membros do Ministério Público de Contas possam, independentemente de ratificação do Plenário ou qualquer outra reanálise, classificar uma informação nesse grau, e parece-nos que a intenção da Lei n.º 12.527/2011 foi exigir um controle hierárquico sucessivo, visando corrigir eventuais defeitos, ou atribuir-lhe eficácia. Por conseguinte, trata-se de procedimento de observância cogente por parte do Tribunal de Contas da União, o que demanda a revisão da Resolução n.º 294/2018, para fins de adequação à Lei n.º 12.527/2011.

O aspecto objetivo diz respeito ao conjunto de informações sujeitas à transparência administrativa, isto é, todos os dados, processados ou não, que podem ser utilizados para a produção e a transmissão de conhecimento, contidos em qualquer meio, suporte ou formato e os *documentos*, qualquer que seja o suporte ou formato.

Constatamos que a Corte de Contas possui um conceito maior apto a permitir a solicitação de toda e qualquer informação, o que demonstra uma forte observância da transparência nesse aspecto.

O terceiro aspecto (formal) concerne à qualidade de acessibilidade da informação aos olhos dos interessados, que deve ocorrer mediante um procedimento prévio de motivação e participação da sociedade, abrangendo audiências e consultas públicas, de forma que a transparência seja mais bem concretizada tanto no que tange aos seus atos normativos quanto às decisões em sede de controle externo no que tange aos padrões decisórios, sendo insuficiente a mera disponibilização de um amontoado de informações.

Nesse cariz, verificou-se que não há nada no Regimento Interno do Tribunal de Contas da União dispondo sobre esse devido procedimento na elaboração normativa, com a participação dos atores fiscalizados pelo Tribunal de Contas da União, mas ao mesmo tempo, desde 2011, reconhece-se a importância da análise de consultas públicas, da transparência na publicação das atas e das reuniões e dos critérios previstos para a edição da Análise de Impacto Regulatório como condicionantes à edição de atos normativos pelas Agências Reguladoras, o que é contraditório e merece maior reflexão por parte do órgão de contas.

É de extrema importância que doravante o Tribunal de Contas da União adote com mais veemência o pragmatismo previsto na LINDB aplicando, se necessário e por analogia, também, mas não somente, os mecanismos da Análise de Impacto Regulatório quando da edição de atos ou prolação de decisões em temas como desestatização e regulações do serviço público, de modo a promover o aumento da transparência, da eficiência, e da segurança jurídica por intermédio de padrões decisórios, além de observar os princípios 6 das Normas da Intosai 20 e 21, que exigem a mensuração e a divulgação das informações sobre eficácia e efetividade do uso de seus recursos, inclusive por meio da avaliação de comitês de auditoria independentes, que deverão implantar um sistema de apreciação periódica de qualidade sobre suas atividades de auditoria e produção de relatórios.

Essa conclusão leva em conta o fato de que o critério econômico é um importante orientador das atuações do Tribunal de Contas da União, quando reconhece que não consegue medir, com o mínimo de segurança, o real impacto de suas decisões, mas que ainda assim deveria ser feito.

Portanto, propomos que o Tribunal de Contas da União se atenha, não somente mas principalmente, aos artigos 20, 21 e 22, todos da Lei de Introdução às Normas do Direito Brasileiro, isto é, considere as consequências práticas sistêmicas de seus atos, tanto jurídicas quanto administrativas e econômicas, assim como os custos e benefícios, permitindo maior racionalidade e adequação entre fins e meios, além do reconhecimento do direito fundamental à boa administração, por intermédio de mecanismos objetivos constantes, por exemplo mas não exclusivamente, das diretrizes editadas pela OCDE relacionadas à AIR abaixo transcritas:

- buscar resolver problemas e alcançar metas claramente definidas e ser eficaz na consecução desses objetivos;
- ser fundamentada em evidências e proporcional ao problema identificado;
- produzir benefícios que justifiquem os custos;

- considerar a distribuição dos seus efeitos entre os diferentes atores e grupos;
- minimizar os custos administrativos e eventuais distorções de mercado resultantes de sua implementação;
- ser consistente com outros regulamentos e políticas;
- ser elaborada de modo transparente, com procedimentos adequados para a manifestação efetiva e tempestiva de atores e grupos interessados; e
- considerar os incentivos e mecanismos para alcançar os efeitos desejados, incluindo estratégias de implementação que potencializem seus resultados.

A LINDB consagrou o pragmatismo, assim denominado por Richard Posner[262], como mais uma forma de interpretar a legislação e criar normas jurídicas (por intermédio das decisões em sede de controle administrativo ou jurisdicional), a partir de processos de tentativas e erros (prioridade do empírico), o que é praticamente um exercício de empatia para com o gestor público, na medida em que levará em consideração os desafios do cotidiano, e poderá exigir esses mesmos estudos também dos agentes públicos ou dos particulares controlados, o que ao final trará maior segurança jurídica às decisões de ambos.

Trata-se de um instituto de significado e justificação, ou seja, o significado de um ato reside nas consequências que dele decorrem e a validade do ato encontra fundamento nas consequências esperadas da ação. A título de exemplo, a suspensão de uma obra ou de uma desestatização como a Eletrobras, que foi aprovada, mas ficou meses aguardando a análise pelo TCU deveria ter sido melhor ponderada, na medida em que sucessivamente seu valor vem diminuindo, os balanços demonstram prejuízos e, por consequência há total ausência da capacidade de investimento, tudo isso somado ao seu constante uso político.

Ao final ocorreu a sua privatização em junho de 2022, mas será que a demora do julgamento no TCU trouxe prejuízos de ordem econômica na venda? Este aspecto não deveria ter sido balanceado em termos pragmáticos?

[262] POSNER, Richard. *Direito, pragmatismo e democracia*. São Paulo: Editora Forense, 2010. pp. 1-299.

Basicamente, segundo Richard Posner[263], o controle administrativo ou jurisdicional deve repensar sua missão de ajuda à sociedade para lidar com os problemas sob a ótica "do que funciona", em vez de sua correspondência com a verdade, o direito natural, regra ou outro princípio validador abstrato.

Posner crítica o formalismo porque este sempre olha para o passado, isto é, fundamenta a legitimidade de uma decisão deduzindo-o de uma regra ou princípio. E geralmente é possível proferir uma decisão como exercício lógico ou algorítmico estritamente contido a título de retórica contra a inclinação política, permitindo transferir (ou fingir transferir) a responsabilidade por atos impopulares de si mesmos para uma abstração: a lei. Essa constatação acaba por afastar o pragmatismo como um suplemento ao formalismo que muitas vezes acaba por não satisfazer aos anseios da sociedade, como por exemplo, a decretação da prisão após o esgotamento recursal da segunda instância.

O formalismo exacerbado em realidade não passa de mera utopia e é imprescindível que as decisões em sede de controle administrativo ou judicial em termos pragmáticos observem três aspectos: (i) contigência/contexto, ou seja, reflita e contextualize as circunstâncias de cultura, local e história; e, (ii) proceda a indagações jurídicas/legais junto com investigações empíricas a respeito de certas características particulares das instituições, práticas e categorias das quais agentes reais participem.

Em suma, o pragmatismo é reduzido ao "atenha-se aos fatos", devendo sempre prever as repercussões, o que afasta a visão de que o juiz deve prever todas as consequências (e diferencia-o do instituto nominado consequencialismo que é o conjunto de doutrinas filosóficas mais proeminente do utilitarismo e avalia uma ação por aquela que produz as melhores consequências).

Mas o que se entende por visão sistêmica? Seria uma visão curta dos fatos? Não. Significa considerar o valor político e social da continuidade, coerência, generalidade, imparcialidade e previsibilidade na administração dos direitos e deveres legais, sem descurar que os controladores não podem atuar como legisladores, ou seja, devem proferir suas decisões como um subproduto de casos específicos.

263 POSNER, Richard. *Direito, pragmatismo e democracia*. São Paulo: Editora Forense, 2010. pp. 1-299.

Os controladores devem pesar as boas consequências da pronta adesão às virtudes da norma jurídica que defendem a firmeza em detrimento das más consequências de serem tentados a inovar.

Ainda nesta senda, o pragmatismo não é hostil a todas as teorias, com exceção das teorias moral e política que devem ser sempre afastadas.

Dessarte, ao fim e ao cabo o pragmatismo afasta qualquer alegação de ser uma "técnica sem limites", consagrando o ponto de vista que o direito é experiência, e não lógica.

Exemplificativamente Posner[264] menciona o direito ao suicídio que é comumente ponderado sob a ótica formalista simplesmente entre autonomia e direito à vida, que acaba por ser uma retórica vazia, pois o que realmente interessa é entender o sentido das consequências factuais do suicídio induzido por médico a partir de estudos práticos dos Países Baixos em que essa prática é legalizada, afastando qualquer influência religiosa deste tema por parte dos controladores.

Em breve resumo, Posner afirma que o pragmatismo legal nega ser o raciocínio jurídico substancialmente diferente do raciocínio prático comum; incentiva a busca de fundamentos estreitos em vez de amplos para as decisões no início de desenvolvimento de uma área do direito; não se coaduna com a teoria moral; é empírico; é historicista, mas não tem compromisso com o passado; e, desconfia de uma norma jurídica que não possua exceções.

Esse balanceamento propiciará, inclusive, que o Poder Judiciário pondere melhor os argumentos pragmáticos da decisão, além de franquear às partes eventualmente afetadas que apresentem outros argumentos a partir dos mecanismos previstos nos institutos concernentes às Análises de Impacto Regulatório para que haja um verdadeiro cotejo analítico e se decida não somente aplicando a literalidade da lei, mas também balanceando os custos e benefícios.

Mas o controle de fins e meios ocorreria pelo utilitarismo? Não. A economia normativa (análise econômica do Direito) seria o norte. Por qual razão? O utilitarismo afirma que o valor moral de uma ação, conduta, instituição ou lei deve ser julgada por sua eficiência na promoção da felicidade

264 POSNER, Richard. *Direito, pragmatismo e democracia*. São Paulo: Editora Forense, 2010. pp. 1-299.

acumulada por todos os habitantes da sociedade, a qual pode representar uma nação ou o mundo inteiro ou até os animais sencientes[265].

O utilitarismo possui uma incidência incerta, pois quem deverá ter a sua felicidade incluída na elaboração de políticas que maximizem a felicidade? Deve-se levar em conta os animais? Quais? Devemos levar em consideração os nascituros? Os estrangeiros? O universo?[266]

Afora a indeterminação o utilitarismo pode levar a "monstruosidades morais", como por exemplo, matar um idoso milionário mas com dificuldades de saúde; poderia ser considerado um maior benefício e menor prejuízo se não o fizesse, pois o libertaria de sua existência e asseguraria aos filhos dele a herança. Mas isso tornaria os filhos melhores para um utilitarista[267]. Ou seja, um total absurdo!

Já para a economia normativa uma ação deve ser julgada a partir dos *instrumentos* da promoção do bem-estar social em termos de valor para avaliar a solidez das decisões jurídicas, regras e instituições[268].

Em alguns casos será necessária a confiança na intuição e no senso comum para decidir os problemas jurídicos, ou seja, haverá um processo decisório a partir do exercício da razoabilidade, levando em consideração apenas as consequências das possibilidades decisórias[269].

Por certo, haverá uma maior deferência do Poder Judiciário no sentido de fazer valer a decisão administrativa especificamente nos temas relacionados à discricionariedade técnica como uma resposta à crise de segurança jurídica que enfrentamos atualmente em razão da amplificação dos princípios, mas nos demais temas, tais como apreciação de provas e questões de justiça administrativa, a apreciação judicial será livre.

Inclusive porque a deferência judicial à discricionariedade técnica não é absoluta, consoante se extrai do paradigmático caso *Chevron USA vs. Natural Resources Defense Council*, em que restaram definidas três hipóteses: "*(i) the statute is unambiguous, so there is no room for administrative interpretation;*

265 POSNER, Richard. A economia da justiça. São Paulo: Editora Martins Fontes, 2009.

266 POSNER, Richard. A economia da justiça. São Paulo: Editora Martins Fontes, 2009.

267 POSNER, Richard. A economia da justiça. São Paulo: Editora Martins Fontes, 2009.

268 POSNER. Richard. *The problems of jurisprudence*. Cambridge: Harvard University Express, 2007. pp. 90-520.

269 POSNER. Richard. *The problems of jurisprudence*. Cambridge: Harvard University Express, 2007. pp. 90-520.

(ii) no interpretation has been made by personnel of the agency responsible for administering the statute; (iii) or the reasonable interpretation made by such personnel was not authoritative, in the sense that it does not represent the official position of the expert agency"[270].

O quarto aspecto denominado material é corolário do formal e diz respeito às qualidades de clareza, objetividade, precisão, limpidez, completude, organização e coerência do conteúdo da informação disponibilizada.

Trata-se da disponibilização dos atos normativos e acórdãos de maneira clara (com índices e referências), objetiva (linguagem didática), precisa (sem a necessidade de dados ou gráficos), límpida (sem ambiguidades), completa e organizada (estruturada).

Constatamos que atualmente as informações são disponibilizadas em um Portal da Transparência no Tribunal de Contas da União (https://portal.tcu.gov.br/transparencia-e-prestacao-de-contas/), em que as informações básicas exigidas pela Lei n.º 12.527/2011 estão presentes, bem como as perguntas e respostas mais frequentes, relatórios, além de Manuais e Cartilhas.

No entanto, com relação ao questionário de perguntas e respostas frequentes, não há atualização anual, e os atos normativos editados não são disponibilizados por temas, assim como os acórdãos que, somente a título de exemplo entre os anos de 2008 a 2017, perfizeram o montante de 204.286, o que impõe a criação de precedentes administrativos e sua divisão por temas a fim de aumentar o tratamento isonômico a ser demonstrado pelo incremento da transparência e o aumento da credibilidade e melhoria da qualidade das decisões, além de propiciar segurança jurídica.

Por último, trazemos o aspecto temporal, concernente ao período em que as informações devem se manter disponíveis ou sigilosas.

Entendemos que o legislador não andou bem ao dispor sobre prazos tão longos para a restrição de acesso à informação e, sob a ótica da proporcionalidade e razoabilidade, deveria rever o tema, aplicando uma restrição temporal menor, de quatro ou cinco anos, nos mesmos moldes das leis portuguesa e mexicana.

E nada impediria, por exemplo, que o TCU reduzisse esses prazos por intermédio de ato administrativo, na medida em que traria efeitos

[270] BREYER, Stephen. *Active liberty: interpreting our democratic constitution*. New York: Vintage Books, 2006. p. 104.

favoráveis/ampliativos em termos de consagração do direito fundamental à informação em prol dos controles social e jurisdicional.

No âmbito do Tribunal de Contas da União, há um rol de informações classificadas em seu sítio eletrônico, cuja última atualização ocorreu pelas Portaria ISC nº 16, de 13 de agosto de 2021 e Portaria SEGEDAM nº 28, de 06 de outubro de 2021, assim como os respectivos responsáveis, mas não há a data em que ocorreu essa classificação, o que impossibilita a contagem do prazo pelo controle, seja externo, judicial ou social, para se delimitar o marco temporal em que essas informações serão declaradas públicas, além de inexistir relatório estatístico contendo a quantidade de pedidos de informação recebidos, atendidos e indeferidos, tudo exigido pela Lei n.º 12.527/2011.

Atualmente, o modelo de controle adotado pelo Tribunal de Contas da União é francês, ou seja, *a posteriori,* focado na repressão ao gasto ilegal, irregular, de recursos públicos.

No entanto, após o advento da Carta Magna de 1988, nota-se uma tentativa de ampliação das competências do Tribunal de Contas da União, sob a afirmação de possuir um poder geral de cautela que, em alguns momentos, encontra respaldo do Supremo Tribunal Federal, para quem o fundamento seria extraído da teoria dos poderes implícitos.

Contudo, tanto o poder geral de cautela quanto a aplicação da teoria dos poderes implícitos são processos informais de interpretação do texto constitucional sem modificação do seu teor, isto é, uma mutação constitucional que obviamente depende de adequação aos limites textuais impostos pelos dispositivos interpretados, sendo inviável essa propositura de alteração que, a pretexto de atualizar seu conteúdo, extrapola as possibilidades semânticas do texto constitucional, afetando o exercício do contraditório e da ampla defesa e, por consequência, impende que esses conceitos genéricos sejam substituídos pelo pragmatismo previsto na LINDB, propiciando maior segurança jurídica ao se observar a legalidade e, por consequência, maior transparência quanto aos atos por parte do TCU, afastando o controle originário por parte do STF, atraindo primeira instância da Justiça Federal e, por fim, o Superior Tribunal de Justiça responsável por dar a última interpretação à legislação infraconstitucional.

Desta forma, entendemos que o pragmatismo contido na LINDB é o instituto necessário para que a aplicação de medida imposta ou a invalidação de ato, contrato, ajuste, processo ou norma administrativa, seja devidamente motivada a partir de estudos empíricos, como forma de se justificar o controle tanto administrativo quanto jurisdicional.

Daí a transparência, a partir do pragmatismo e da motivação, exsurgem como instrumentos para o exercício da razão pública, ou seja, como forma de argumentação em uma sociedade democrática, pois a simples aplicação de conceitos genéricos, tais como *poder geral de cautela* e/ou *teoria dos poderes implícitos ou ainda princípios*, a pretexto de justificar a indisponibilidade de bens ou a desconsideração da personalidade jurídica, *verbi gratia*, não pode permitir a ampliação indiscriminada das competências da Corte de Contas, especialmente em um ponto nevrálgico: aplicação de penalidades, porquanto a Carta Magna proíbe em seu artigo 5.º, XXXIX, a imposição de pena sem prévia cominação legal.

Quanto à transparência na fiscalização, abordamos no início do capítulo sobre a tramitação de processos, que até julho de 2010 ocorria em meios físicos, e que dificultava em demasia o acesso e os julgamentos dos autos relacionados ao controle externo pelas partes e seus procuradores.

A partir de 4 de agosto de 2010, a Resolução n.º 233 passou a dispor que os processos seriam tramitados exclusivamente em meio eletrônico no âmbito do Tribunal de Contas da União, o que ampliou o acesso das partes, assim como a citação e a intimação destas, como forma de assegurar a transparência de suas ações.

Ademais, constatamos que o Tribunal de Contas da União possui procedimentos que observam os ditames da Lei n.º 12.527/2011, no tocante a requerimentos de acesso à informação, assim como a negativas e recursos em face de decisões, além de ser cauteloso na divulgação das informações até que se concluam os procedimentos administrativos, em observância ao artigo 7.º, § 3.º, da Lei n.º 12.527/2011.

Ao mesmo tempo que admite a possibilidade de decretação de sigilo aos autos dos processos de controle externo, nos termos dos artigos 108 da Lei n.º 8.443/1992 e 22 da Lei n.º 12.527/2011, o TCU tem demonstrado que essa aplicação deve ocorrer sempre em caráter excepcional.

No tocante aos acordos de leniência, abordamos o histórico, sua natureza e contextualizamos os principais pontos discutidos no âmbito do Tribunal de Contas da União, para ao final concluir que a Instrução Normativa n.º 83/2018, ao dispor em seu artigo 2.º que o órgão poderá requerer, a qualquer tempo, informações e documentos relativos às fases do acordo de leniência sem nada ser sonegado, está exigindo uma transparência prévia quando em verdade a lei permite essa divulgação somente ao final do acordo, o que poderá desestimular novas negociações e expor as empresas a danos reputacionais com efeitos no relacionamento entre proponentes e mercado, sem falar das consequências nefastas às pessoas físicas signatárias.

Ademais, criou hipótese de suspensão da prescrição ao arrepio da Lei nº 9.873/99, que de acordo com a repercussão geral 899 do STF, o TCU deveria seguir à risca. Além disso mistura os institutos da suspensão e da interrupção da prescrição por considerar o acordo de leniência um fato novo trazido pela responsável, que demanda a busca de informações para esclarecer o cumprimento das obrigações do ajuste pela empresa aplicando por analogia o art. 16, § 9º, da Lei nº 12.846/2013, que prevê a interrupção do prazo prescricional quando da sua celebração[271].

Apresentamos também que o Tribunal de Contas da União realiza mensalmente sessões reservadas para julgamentos de processos administrativos, mas não possui critérios para que ocorra o controle social com relação aos temas julgados, principalmente por meio da classificação da informação e da definição de um termo inicial e final de sigilo.

A fim de demonstrar a importância da classificação desses processos, assim como das datas de início e fim do sigilo, foram pesquisados os processos das sessões reservadas a partir de 2000 e constatamos que ainda existem autos classificados como sigilosos com fundamento genérico no § 1.º do art. 108 da Lei n.º 8.443/1992 (Lei Orgânica do Tribunal de Contas da União) c/c o art. 22 da Lei n.º 12.527/2011.

No tocante aos processos de controle externo que ainda se encontram em sigilo, poder-se-ia alegar que o § 3.º do artigo 7.º permite o acesso aos documentos ou às informações neles contidas após a edição do ato decisório respectivo.

[271] É oportuno destacar ainda que a suspensão da prescrição, adotada na quase integralidade das decisões em que houve o adiamento que ora se propõe, justifica-se em razão do atual entendimento quanto à matéria, retratado no Acórdão 1441/2016-TCU-Plenário, redator Ministro Walton Alencar Rodrigues, visto que o acordo de leniência, que consiste em fato novo trazido pela responsável, exige a busca de informações para que seja esclarecido o cumprimento das obrigações do ajuste pela empresa. Ademais, essa providência está em consonância com a Lei 12.846/2013, art. 16, § 9º, que prevê que a celebração do acordo de leniência interrompe o prazo prescricional dos atos ilícitos previstos naquela norma. Acórdão 254/2023, Plenário, Relator Ministro Antonio Anastasia, j. 15.02.2023.

Ocorre que, dentre esses processos que ainda se encontram classificados como sigilosos, alguns estão em trâmite há mais de 11 anos, ou seja, já ultrapassaram o prazo mínimo de sigilo (cinco anos) pelo qual uma informação em caráter reservado pode permanecer.

Diante disso, entendemos imprescindível a classificação dos processos de contas no portal da transparência, nos termos da Lei n.º 12.527/2011, uma vez que a mera alegação genérica do artigo 108 da Lei n.º 8.443/1992, isto é, a decretação de sigilo para tratar de assuntos de natureza administrativa interna ou quando a preservação de direitos individuais e o interesse público o exigirem, é insuficiente.

Faz-se necessária a classificação do sigilo, utilizando-se da motivação prevista no artigo 23 e incisos da Lei n.º 12.527/2011, além da fixação de um prazo máximo para julgamentos dos processos, cujo interregno seja inferior a cinco anos (prazo mínimo para que uma informação de caráter reservado seja disponibilizada ao público), a contar sempre da produção do documento, sob pena de manifesta incompatibilidade com a *ratio* da Lei de Acesso à Informação.

No Capítulo 4, constatamos que o Tribunal de Contas da União, avaliou que a forma de contratação dos cargos em comissão dos órgãos e entidades da Administração Pública Federal e do Poder Judiciário ensejam riscos de pessoas serem admitidas sem os requisitos e as competências necessárias ao desempenho das atribuições correspondentes.

Perquirindo-se sobre a observância dessas diretrizes no âmbito do Tribunal de Contas da União, verificamos que, de maneira contraditória, não há nenhuma normativa interna que adote critérios objetivos e impessoais na nomeação de cargos comissionados, em vulneração às Normativas 20 e 21 da Intosai, cujos Princípios 4 exigem alto padrão de integridade e comportamento ético, além da prevenção de conflitos internos de interesses e a transparência de suas próprias operações.

No último ponto, analisamos quais as ações desenvolvidas pelo Tribunal de Contas da União para se tornar permeável à sociedade e, ao mesmo tempo, atuar como auxiliar ou facilitador do controle social sobre a Administração Pública, inclusive nos moldes do Princípio 6 da ISSAI 20, que exige o monitoramento da visibilidade pública, os resultados e o impacto por meio de *feedback* externo, considerando, outrossim, que a OLACEFS reconhece a participação social e inclusive criou indicadores para quantificar seus efeitos.

No estudo, ficou demonstrado que o início da participação social ocorreu pela criação de portais da transparência, das respostas aos cidadãos, da criação de redes sociais e pela inclusão das organizações da sociedade civil como destinatárias das comunicações.

Entretanto, além desses instrumentos, a OLACEFS sugeriu a criação de canais que permitam apresentar propostas de auditorias, inclusive mediante audiências públicas prévias; auditorias sociais; seminários; campanhas sobre corrupção e sobre transparência na gestão de serviços públicos; disseminação ativa de informes de auditoria; observatórios de gestão pública; apresentação pública de resultados de auditoria; e, ao final, a medição do impacto (efeitos positivos ou negativos) de cada qual desses atos.

Buscando acompanhar essas diretrizes internacionais, a Portaria n.º 345, de 4 de dezembro de 2018, apresentou um roteiro ao seu plano estratégico em vigor para "implementar parcerias com centros de ensino e pesquisa e com setores da sociedade organizada, como forma de otimizar o desempenho no cumprimento de sua missão e, ao mesmo tempo, promover o controle social da gestão pública".

O escopo é orientar suas ações no sentido de ser (i) sensível a mudanças de ambientes e riscos emergentes; (ii) comunicar-se de forma efetiva com as partes interessadas; e (iii) ser uma fonte confiável, independente e objetiva de conhecimento e de orientação para apoiar mudanças positivas no setor público, além de outros mecanismos exatamente como expostos pela OLACEFS, o que demonstra uma perfeita observância ao *soft law*.

A única ressalva é que as práticas de participação social possuem ainda caráter facultativo e não são vinculantes, o que denota a necessidade de melhorias no primeiro ponto (facultatividade), na medida em que o planejamento participativo anual do Tribunal de Contas da União, principalmente seu plano de controle, deve incluir o cidadão na discussão, seja individual ou coletiva, a fim de que ocorra uma melhor regulação, ou seja, a substituição das regras onerosas por outras, mais adequadas à realidade social.

A Portaria também elenca modelos que podem ser adotados para promover a participação da sociedade durante a fiscalização, quais sejam: (i) painéis de referência, em que serão projetados aspectos da gestão ou um determinado programa para obter a visão dos usuários dos serviços ou a perspectiva da sociedade; ou ainda, a (ii) coleta de dados durante a análise preliminar do objeto.

Ao final da fiscalização, o mencionado ato normativo também permite que a sociedade obtenha informações por meio da difusão colaborativa dos resultados e audiências públicas.

Dessarte, verificou-se um grau de adesão às diretrizes internacionais nesse aspecto, e não somente da Intosai, mas também da OLACEFS, em que a prática foi aplicada no "Manual de Auditoria Operacional", submetido à consulta pública no ano de 2019.

REFERÊNCIAS

ACKERMAN, John M.; SANDOVAL-BALLESTEROS, Irma E. *The global explosion of freedon of information laws. Administrative Law Reviews*, v. 58, n. 1, 2006.

AGUIAR, Ubiratan Diniz de; ALBUQUERQUE, Márcio André Santos de; MEDEIROS, Paulo Henrique Ramos. *A Administração Pública sob a perspectiva do controle externo.* Belo Horizonte: Fórum, 2011.

ALMEIDA, Fernando Dias Menezes de. *Considerações sobre a "Regulação" no direito positivo brasileiro. Revista de Direito Público da Economia – RDPE*, Belo Horizonte, ano 1, n. 1, p. 69-94, jan./mar. 2003.

_____. *Formação da teoria do direito administrativo no Brasil.* 1. ed. 2. tir. São Paulo: Quartier Latin, 2019.

ANTUNES, Luís Filipe Colaço. *O direito administrativo sem estado*: crise ou fim de um paradigma? Coimbra: Coimbra Editora, 2008.

ARAGÃO, Alexandre Santos de. *Curso de direito administrativo.* Rio de Janeiro: Forense, 2012.

ARAÚJO, Edmir Netto de. *Curso de direito administrativo.* 8. ed. São Paulo: Saraiva, 2018.

ATALIBA, Geraldo. *República e Constituição.* 2. ed. atual. por Rosalea Miranda Folgosi. 4. tir. São Paulo: Malheiros Editores, 2007.

BALLBÉ, Manuel. *El futuro del derecho administrativo en la globalización: entre la americanización y la europeización.* Fonte: https://dialnet.unirioja.es/servlet/articulo?codigo=2526080. Acesso em: 4 mar. 2019.

BANDEIRA DE MELLO, Celso Antônio. *Ato administrativo e direitos dos administrados.* São Paulo: RT, 1981.

_____. *Curso de direito administrativo.* 32. ed. São Paulo: Malheiros, 2015.

BANDEIRA DE MELLO, Osvaldo Aranha. *Princípios gerais de direito administrativo*: Introdução. São Paulo: Malheiros, 2007. v. 1.

BARCELLOS, Ana Paula de. *Direitos fundamentais e direito à justificativa*: devido procedimento na elaboração normativa. 2. ed. Belo Horizonte: Fórum, 2017.

BARROSO, Luís Roberto. *A constitucionalização do direito e suas repercussões no âmbito do direito administrativo*. *In*: ARAGÃO, Alexandre Santos de; MARQUES NETO, Floriano de Azevedo. *Direito administrativo e seus novos paradigmas*. 2. ed. Belo Horizonte: Fórum, 2018.

_____. *Tribunais de contas: algumas incompetências*. *Revista de Direito Administrativo*, Rio de Janeiro, p. 131-140, jan./mar. 1996.

BINENBOJM, Gustavo. *Uma teoria do direito administrativo*: direitos fundamentais, democracia e constitucionalização. Rio de Janeiro: Renovar, 2014.

_____. *Decidindo como decidir parte I – padrões decisórios no controle da administração pública promoveriam mais coerência, eficiência e segurança jurídica e decidindo como decidir parte II – o controle da administração pública deve envolver escolhas realistas e esquemas decisórios factíveis*. *In*: SUNDFELD, Carlos Ari; JORDÃO, Eduardo; MOREIRA, Egon Bockmann; MARQUES NETO, Floriano; CÂMARA, Jacintho Arruda; MENDONÇA, José Vicente Santos de; JUSTEN FILHO, Marçal; MONTEIRO, Vera. *Publicistas: direito administrativo sob tensão*. Belo Horizonte: Fórum, 2022.

BOBBIO, Norberto. *Democracia e segredo*. Tradução Marco Aurélio Nogueira. São Paulo: Editora Unesp, 2015.

_____. *O futuro da democracia*. 13. ed. São Paulo: Paz e Terra, 2015.

_____. *Qual democracia?* 2. ed. São Paulo: Loyola, 2013.

BONACORSI, Juliana. *O novo regime de proteção de identidade do denunciante*. Fonte: https://www.jota.info/opiniao-e-analise/colunas/controle-publico/o-novo--regime-de-protecao-da-identidade-do-denunciante-junto-ao-tcu-18092019. Acesso em: 18 set. 2019.

BONAVIDES, Paulo. *Curso de direito constitucional*. 25. ed. São Paulo: Malheiros, 2009.

_____. *Do estado liberal ao Estado Social*. São Paulo: Malheiros. 2009.

BREYER, Stephen. *Active liberty: interpreting our democratic constitution*. New York: Vintage Books, 2006.

BUGARIC, Bujan. *Openness and transparency in public administration: challenges for public law*. Fonte: http://hosted.law.wisc.edu/wordpress/wilj/files/2012/02/bugaric.pdf. Acesso em: 10 out. 2019.

CABRAL, Flávio Garcia. *O Tribunal de Contas da União na Constituição Federal de 1988*. São Paulo: Verbatim, 2014.

CAMELO, Brandson; FRANCA FILHO, Marcilio Toscano. *A eficiência dos Tribunais de Contas do Brasil: uma abordagem teórica*. *Revista de Informação Legislativa*, v. 54, n. 214, p. 175-188, abr./jun. 2017. Fonte: http://www.12senado,leg.br/ril/edicoes/54/214/ril_v54_n214_p175. Acesso em: 5 jul. 2019.

CANHADAS, Fernando Augusto Martins. *O direito de acesso à informação pública*: o princípio da transparência administrativa. Curitiba: Appris, 2018.

CANOTILHO, José Joaquim Gomes. *Direito constitucional e teoria da constituição*. 7. ed. Coimbra: Almedina, 2003.

_____ *et al. Comentários à Constituição do Brasil*. São Paulo: Saraiva/Almedina, 2013.

CARVALHO FILHO, José dos Santos. *Manual de direito administrativo*. 32. ed. São Paulo: Atlas, 2018.

_____. *Transformação e efetividade do direito administrativo*. *In*: MARRARA, Thiago (org.). *Direito administrativo*: transformações e tendências. São Paulo: Almedina, 2014.

CARVALHO, Gustavo Marinho de. *Precedentes administrativos no direito brasileiro*. São Paulo: Contracorrente, 2015.

CARDOSO, José Antonio Martins Lucas. *Do problema dos conceitos jurídicos indeterminados no direito administrativo*. Revista Polis, nº 1, outubro-dezembro 1994.

CASAGRANDE, Cássio Luís; BARREIRA, Jônatas Henriques. *O caso* McCulloch v. Maryland *e sua utilização na jurisprudência do STF*. *Revista de Informação Legislativa*, Brasília, v. 56, n. 221, p. 247-270, jan./mar. 2019. Fonte: http://www12.senado.leg.br/ril/edicoes/56/221/ril_v56_n221_p247.

CHEVALIER, Jacques; LOSCHAK, Danièle. *A ciência administrativa*. Lisboa: Publicações Europa-América, 1980. (Coleccção Saber.)

DARNACULLETA I GARDELLA, Maria Mercè. *El Derecho Administrativo Global ¿Un nuevo conceptoclave del Derecho Administrativo?* Fonte: :https://dialnet.unirioja.es/servlet/articulo?codigo=5492352. Acesso em: 4 mar. 2019.

DI PIETRO, Maria Sylvia. *Direito administrativo*. 32. ed. Rio de Janeiro: Forense, 2019.

_____. *Inovações no direito administrativo brasileiro*. *Revista Trimestral de Direito Público*, São Paulo v. 51/52, p. 12-25, 2009.

_____. *500 anos de direito administrativo brasileiro*. *Revista Eletrônica de Direito do Estado*, Salvador, n. 5, jan./fev./mar. 2006. Fonte: http://www.direitodoestado.com.br/codrevista.asp?cod=82. Acesso em: 4 set. 2018.

DROMI, Roberto. *Modernización del control público*. México: Hispania Libros, 2005.

ESCARCENA, Sebástian López. Contextualizando el derecho administrativo global. *Fonte:* dialnet.unirioja.es/descarga/articulo/6344865.pdf. Acesso em: 9 mar. 2019.

ESCOLA, Héctor Jorge. *Compendio de derecho administrativo*. Buenos Aires: Depalma, 1990. v. 1.

_____. *El interés público como fundamento del derecho administrativo*. Buenos Aires: Depalma, 1989.

ESTEFAM, Felipe Faiwichow. *A configuração e reconfiguração do princípio da legalidade*. 2012. 132p. Dissertação (Mestrado em Direito Administrativo) – Pontifícia Universidade Católica de São Paulo, São Paulo, 2012.

FORTINI, Cristiana; AVELAR, Mariana Magalhães; FERREIRA, Raquel Bastos. *Comentários à lei de acesso à informação: contextos, desafios e polêmicas. In*: MARQUES NETO, Floriano de Azevedo *et al*. *Direito e administração pública*: estudos em homenagem a Maria Sylvia Zanella Di Pietro. São Paulo: Atlas, 2013.

FURTADO, Lucas Rocha. *Curso de direito administrativo*. 5. ed. rev. e atual. Belo Horizonte: Fórum, 2016.

GABRIEL, Yasser. *Controle social da administração pública*. Fonte: https://www.jota.info/paywall?redirect_to=//www.jota.info/opiniao-e-analise/colunas/controle-publico/controle-social-da-administracao-publica-17102017. Acesso em: 5 jul. 2018.

GARCÍA, Alejandro Nieto. *Derecho administrativo sancionador*. 5. ed. Madrid: Tecnos, 2012.

GIANNINI, Massimo Severo. *Premisas sociológicas e históricas del derecho administrativo*. Madrid: Instituto Nacional de Administración Pública, 1980.

GORDILLO, Agustín. *Tratado de derecho administrativo*. Parte general. 7. ed. Belo Horizonte: Del Rey e Fundación de Derecho Administrativo, 2003. t. 1.

GRANDES PENSADORES. Organização *The school of life*. Tradução Beatriz Medina Rio de Janeiro: Sextante, 2018.

GRAU, Eros Roberto. *Ensaio e discurso sobre a interpretação e aplicação do direito*. 4. ed. São Paulo: Malheiros, 2006.

GROTTI, Dinorá. *Conceitos jurídicos indeterminados e discricionariedade administrativa*. Fonte: https://core.ac.uk/download/pdf/79071234.pdf. Acesso em: 5 ago. 2018.

GRUPO PÚBLICO DA FGV DIREITO SP/SBDP. *Observatório do TCU*: julgamentos de março e abril de 2018. São Paulo, 2018.

HEINEN, Juliano. *Comentários à lei de acesso à informação*. 2. ed. Belo Horizonte: Fórum, 2015.

HUNGRIA, Nélson. Ilícito administrativo e ilícito penal. *Revista de Direito Administrativo*, Rio de Janeiro, v. 1, n. 1, 1945.

IBDA. Enunciados do IBDA sobre a interpretação da LINDB. *Fórum Administrativo – FA*, Belo Horizonte, ano 19, n. 221, p. 167-168, jul. 2019.

JACOBY FERNANDES, Jorge Ulysses. *Tribunais de contas do Brasil*: jurisdição e competência. 4. ed. Belo Horizonte: Fórum, 2016.

JORDÃO, Eduardo. *A intervenção do TCU sobre editais de licitação não publicados – Controlador ou administrador?* Fonte: https://bibliotecadigital.fgv.br/dspace/bitstream/handle/10438/19207/A_intervencao_do_TCU_sobre_editais_de_li.pdf. Acesso em: 2 jul. 2019.

_____. *A leitura e as "leituras" do art. 5.º, XXXV, da Constituição Federal*. Fonte: https://www.jota.info/opiniao-e-analise/colunas/publicistas/a-leitura-e-as-leituras-do-art-5o-xxxv-da-constituicao-federal-05112019. Acesso em: 4 de nov. 2019.

JUSTEN FILHO, Marçal. *Curso de direito administrativo*. 12. ed. São Paulo: Revista dos Tribunais, 2016.

KERLEO, Jean-François. *La transparence em droit: recherche sur la formation juridique d'une culture juridique*. Paris: Éditions mare & martin. 2015.

KINGSBURY, Benedict; DONALDSON, Megan. *Global administrative law*. Fonte: https://papers.ssrn.com/sol3/papers.cfm?abstract_id=2575435. Acesso em: 9 mar. 2019.

_____; KRISCH, Nico; STEWART, Richard B. *El surgimiento del derecho administrativo global*. Fonte: http://iilj.org/wp-content/uploads/2016/08/Kingsbury-Krisch-Stewart-El-Surgimiento-del-Derecho-Administrativo-Global-Revista-de-Derecho-publico-24-2010.pdf. Acesso em: 9 mar. 2019.

LIMBERGER, Têmis. *Transparência administrativa e novas tecnologias: o dever de publicidade, o direito a ser informado e o princípio democrático*. Fonte: http://bibliotecadigital.fgv.br/ojs/index.php/rda/article/view/42471/41191. Acesso em: 4 mar. 2019.

LEAL, Fernando. Juízes pragmáticos são necessariamente juízes ativistas? Revista Brasileira de Direito, Passo Fundo, vol. 17, nº 1, e4456, janeiro-abril, 2021. Fonte: https://seer.atitus.edu.br/index.php/revistadedireito/article/view/4456/2767. Acesso em 09 mar. 2022.

LOSANO, Mario. *Os grandes sistemas jurídicos*: introdução aos sistemas jurídicos europeus e extraeuropeus. São Paulo: Martins Fontes, 2007.

MAÍRAL, Héctor A. *As raízes legais da corrupção ou como o direito público fomenta a corrupção em vez de combatê-la*. São Paulo: Contracorrente, 2018.

MARQUES NETO, Floriano de Azevedo. *A bipolaridade do direito administrativo e sua superação*. *In*: _____; ARAGÃO, Alexandre Santos de. *Direito administrativo e seus novos paradigmas*. 2. ed. Belo Horizonte: Fórum, 2018. p. 102.

_____. *Os grandes desafios do controle da Administração Pública. Fórum de Contratação e Gestão Pública – FCGP*, Belo Horizonte, ano 9, n. 100, abr. 2010. Fonte: https://www.editoraforum.com.br/wp-content/uploads/2016/10/desafios-controle.pdf. Acesso em: 4 de ago. 2019.

MARRARA, Thiago. O princípio da publicidade: uma proposta de renovação. *In*: _____ (org.). *Princípios de direito administrativo*: *legalidade, segurança jurídica, impessoalidade, publicidade, motivação, eficiência, moralidade, razoabilidade, interesse público*. São Paulo: Atlas, 2012.

_____; DI PIETRO, Maria Sylvia Zanella. *Lei anticorrupção comentada*. 2. ed. Belo Horizonte: Fórum, 2018.

MARTINS JUNIOR, Wallace Paiva. *A lei de acesso a informações públicas (Lei n.º 12.527/2011)*. *In*: MARQUES NETO, Floriano de Azevedo *et al*. *Direito e administração pública*: estudos em homenagem a Maria Sylvia Zanella Di Pietro. São Paulo: Atlas, 2013.

_____. *Tratado de direito administrativo*: teoria geral e princípios do direito administrativo. Coordenação Maria Sylvia Zanella Di Pietro. São Paulo: RT, 2014. v. 1.

MARTINS, Ricardo Marcondes. *Efeitos dos vícios do ato administrativo*. São Paulo: Malheiros, 2008. (Coleção Temas de direito administrativo.)

_____; BACELAR FILHO, Romeu Felipe; DI PIETRO, Maria Sylvia Zanella. (coord.). *Tratado de direito administrativo*: ato administrativo e procedimento administrativo. São Paulo: RT, 2014. v. 5.

MAURER, Hartmut. *Direito administrativo geral*. Tradução Luís Afonso Heck. Barueri: Manole, 2006.

MAYER, Otto. *Le Droit Administratif Allemand*. Paris: V. Giard & E. Brière, 1903.

MAZZUOLI, Valerio de Oliveira. *Curso de direito internacional público*. 7. ed. rev., atual. e ampl. São Paulo: RT, 2013.

MEDAUAR, Odete. *Administração Pública: do ato ao processo*. *In*: ARAGÃO, Alexandre Santos de; MARQUES NETO, Floriano de Azevedo. *Direito administrativo e seus novos paradigmas*. 2. ed. Belo Horizonte: Fórum, 2018.

_____. *Controle da administração pública*. São Paulo: RT, 1993.

_____. Controles internos da administração pública. Disponível em: http://www.revistas.usp.br/rfdusp/article/view/67131/69741. Acesso em: 24 jun. 2018.

_____. *O direito administrativo em evolução*. Brasília: Gazeta Jurídica, 2017.

MENDES, Gilmar Ferreira; BRANCO, Paulo Gustavo Gonet. *Curso de direito constitucional*. 10. ed. rev. e atual. São Paulo: Saraiva, 2015.

MEIRELLES, Hely Lopes. *Direito administrativo brasileiro*. 29. ed. atual. por Eurico de Andrade Azevedo, Délcio Balestero Aleixo e José Emmanuel Burle Filho. São Paulo: Malheiros, 2004.

_____. *Formação, efeitos e extinção dos atos administrativos negociais*. *Revista de Direito Administrativo*, Rio de Janeiro, n. 158, out./nov. 1984. Fonte: http://bibliotecadigital.fgv.br/ojs/index.php/rda/article/view/44264/43099. Acesso em: 9 jun. 2018.

MENDEL, Toby. *Liberdade de informação*: um estudo de direito comparado. Tradução Marsel N. G. de Souza. 2. ed. Brasília: Unesco, 2009. p. 109. Fonte: http://www.acessoainformacao.gov.br/central-de-conteudo/publicacoes/arquivos/liberdade-informacao-estudo-direito-comparado-unesco.pdf. Acesso em: 5 out. 2019.

MENDONÇA, José Vicente Santos de. *A propósito do controle feito pelos tribunais de contas sobre as agências reguladoras – em busca de standards possíveis*. *Revista de Direito Público da Economia – RDPE*, ano 10, n. 38, abr./jun. 2012.

_____. *Direito constitucional econômico: a intervenção do Estado na economia à luz da razão pública e do pragmatismo*. 2. ed. Belo Horizonte: Fórum, 2018.

MIRANDA, Jorge. *Manual de direito constitucional*. 6. ed. rev. e atual. Coimbra: Coimbra Editora, 2007. t. II.

_____. *Manual de direito constitucional*. Estrutura constitucional do Estado. 6. ed. rev. e atual. Coimbra: Coimbra Editora, 2010. t. III.

MONTANER, Luis Cosculluela. *Manual de derecho administrativo*. 26 ed. Pamplona: Civitas, 2015.

MOREIRA, Egon Bockmann. *Qual é o futuro do direito da regulação no Brasil? In*: SUNDFELD, Carlos Ari; ROSILHO, André (org.). *Direito da regulação e políticas públicas*. São Paulo: Malheiros, 2014.

MUNHOZ DE MELLO, Rafael. *Princípios constitucionais de direito administrativo sancionador*. São Paulo: Malheiros, 2007.

NARDES, João Augusto Ribeiro. *Governança pública*: o desafio do Brasil. 2. ed. rev. e atual. Belo Horizonte: Fórum, 2016.

NORTHFLEET, Ellen Gracie. *Notas sobre a revisão judicial das decisões do Tribunal de Contas da União pelo Supremo Tribunal Federal*. Fonte: https://revista.tcu.gov.br/ojs/index.php/RTCU/article/view/413. Acesso em: 1.º jun. 2019.

NOVELINO, Marcelo. *Curso de direito constitucional*. Salvador: JusPodivm, 2015.

OKITSU, Yokio. *Accountability as a key concept for global administrative law: a good governance mantra or a globalized legal principle?* Fonte: https://papers.ssrn.com/sol3/papers.cfm?abstract_id=2853254. Acesso em: 9 mar. 2019.

OLIVEIRA, Fernanda Paula; FIGUEIREDO DIAS, José Eduardo. *Noções fundamentais de direito administrativo*. 4. ed. Coimbra: Almedina, 2016.

OLIVEIRA, Gustavo Justino de. Uma nova coluna para um novo direito administrativo. Fonte: https://www.justinodeoliveira.com.br/noticias/uma-nova-coluna-para-um-novo-direito-administrativo/#:~:text=Consequencialismo%20%C3%A9%20a%20teoria%20segundo,com%20a%20razoabilidade%20%5B7%5D. Acesso em 16.05.2021.

OSÓRIO, Fábio Medina. *Direito administrativo sancionador*. 2. ed. rev., atual. e ampl. São Paulo: RT, 2005.

OTERO, Paulo. *Conceito e fundamento da hierarquia administrativa*. Coimbra: Coimbra Editora, 1992.

_____. *Legalidade e administração pública*: o sentido da vinculação administrativa à juridicidade. Coimbra: Almedina, 2007.

PELEGRINI, Marcia. *A competência sancionatória do Tribunal de Contas*: contornos constitucionais. Belo Horizonte: Fórum, 2014.

PEREIRA DA SILVA, Vasco Manuel Pascoal. *Direito administrativo português e europeu no divã da psicanálise*. *In*: MARRARA, Thiago (org.). *Direito administrativo*: transformações e tendências. São Paulo: Almedina, 2014.

_____. *Em busca do acto administrativo perdido*. Coimbra: Almedina, 1995.

PIMENTA, Guilherme. *Pacto Federativo permite que TCU revise decisões de tribunais de contas estaduais e municipais*. Fonte: https://www.jota.info/justica/pacto-federativo-permite-que-tcu-revise-decisoes-de-tribunais-de-contas-estaduais-e-municipais-05112019. Acesso em: 5 nov. 2019.

PIRAUX, Alexandre. *La double nature de la transparence dans l'administration*. Fonte: http://www.centre-craig.org/medias/cahiers-craig/Cahier_craig_2015--12_P%C3%AFraux_gouv-1.pdf. Acesso em: 10 jan. 2019.

PIRES, Luis Manuel da Fonseca. *Controle judicial da discricionariedade administrativa*: dos conceitos jurídicos indeterminados às políticas públicas. 2. ed. Belo Horizonte: Fórum, 2013.

_____. *Interpretação jurídica e o direito administrativo sancionador*. *In*: OLIVEIRA, José Roberto Pimenta (coord.). *Direito administrativo sancionador*: estudos em homenagem ao professor emérito da PUC/SP Celso Antônio Bandeira de Mello. São Paulo: Malheiros, 2019.

POSNER, Richard. *Para além do direito*. São Paulo: Editora Martins Fontes, 2009.

_____. *A economia da justiça*. São Paulo: Editora Martins Fontes, 2009.

_____. *Direito, pragmatismo e democracia*. São Paulo: Editora Forense,
2010.

_____. *The problems of jurisprudence*. Cambridge: Harvard University Express, 2007.

QUEIRÓ, Afonso Rodrigues. *Estudos de direito público*. Coimbra: Universidade de Coimbra, 1989.

RAMOS, André de Carvalho. *Teoria geral dos direitos humanos na ordem internacional*. 4. ed. São Paulo: Saraiva, 2014.

RELATÓRIO SISTÊMICO SOBRE TRANSPARÊNCIA PÚBLICA. Fonte: https://portal.tcu.gov.br/biblioteca-digital/fisc-transparencia-relatorio-sistemico-sobre--transparencia-publica.htm. Acesso em: 5 abr. 2019.

RIVERO, Jean. *Direito administrativo*. Coimbra: Almedina, 1981.

ROCHA, Diones Gomes da. *As duas faces de Jano dos Tribunais de Contas brasileiros no auxílio ao exercício do controle social sobre a Administração Pública*. 2017. Tese (Doutorado) – Fundação Getulio Vargas, São Paulo, 2017. Fonte:http://bibliotecadigital.fgv.br/dspace/handle/10438/18741. Acesso em: 5 out. 2019.

ROCHA, Sílvio Luís Ferreira da. *Manual de direito administrativo*. São Paulo: Malheiros, 2014.

RODRIGUES, João Gaspar. *Publicidade, transparência e abertura na administração pública*. Revista de Direito Administrativo, Rio de Janeiro, v. 266, p. 89-123, maio/ago. 2014. Fonte: http://bibliotecadigital.fgv.br/ojs/index.php/rda/article/download/32142/30937. Acesso em: 5 jan. 2019.

RODRIGUES, Walton Alencar. *O controle da regulação no Brasil*. Revista de Direito Administrativo, n. 241, jul./set. 2005.

ROQUE, Miguel Prata. *A dimensão transnacional do direito administrativo: uma visão cosmopolita das situações jurídico-administrativas*. Lisboa: AAFDL. 2014.

ROSILHO, André Janjácomo. *A Constituição de 1988 e suas políticas em quatro atos. In*: _____; SUNDFELD, Carlos Ari (org.). *Direito da regulação e políticas públicas*. São Paulo: Malheiros, 2014.

_____. Tribunal de Contas da União: competências, jurisdição, e instrumentos de controle. São Paulo: Quartier Latin, 2019.

_____. *Tribunais de Contas no Brasil: quem controla o controlador?*. *In*: ALMEIDA, Fernando Menezes de; ZAGO, Marina Fontão (coord.). *Direito público francês*: temas fundamentais. São Paulo: Quartier Latin, 2018.

SALGADO, Eneida Desiree; VIOLIN, Tarso Cabral. *Transparência e acesso à informação: o caminho para a garantia da ética na administração pública. Eficiência e ética na administração pública.* Anais do Seminário Internacional realizado no Programa de Pós-Graduação em Direito da Pontifícia Universidade Católica do Paraná. Coordenação de Luiz Alberto Blanchet, Daniel Wunder Hachem, Ana Cláudia Santano. Curitiba: Íthala, 2015.

SAMPAIO, José Adércio Leite. *Direito à intimidade e à vida privada*: uma visão jurídica da sexualidade, da família, da comunicação e informações pessoais, da vida e da morte. Belo Horizonte: Del Rey, 1998.

SANTANO, Ana Cláudia. *A publicidade, a transparência e a accountability no desenvolvimento de políticas públicas e no combate à corrupção: uma aproximação conceitual. Eficiência e ética na administração pública.* Anais do Seminário Internacional realizado no Programa de Pós-Graduação em Direito da Pontifícia Universidade Católica do Paraná. Coordenação de Luiz Alberto Blanchet, Daniel Wunder Hachem, Ana Cláudia Santano. Curitiba: Íthala, 2015.

SARLET, Ingo Wolfgang; MARINONI, Luiz Guilherme; MITIDIERO, Daniel. *Curso de direito constitucional.* 4. ed. ampl. São Paulo: Saraiva, 2015.

_____; MOLINARO, Carlos Alberto. *Direito à informação e direito de acesso à informação como direitos fundamentais na Constituição brasileira. Revista da AGU*, Brasília, n. 42, p. 9-38, out. 2014. Quadrimestral. Fonte: http://www.mpsp.mp.br/portal/page/portal/documentacao_e_divulgacao/doc_biblioteca/bibli_servicos_produtos/bibli_boletim/bibli_bol_2006/revista_da_agu_n__42.pdf. Acesso em: 7 out. 2019

SCAPIN, Romano. *A expedição de provimentos provisórios pelos Tribunais de Contas*: das medidas cautelares à técnica antecipatória no controle externo brasileiro. Belo Horizonte: Fórum, 2019.

SILVA, José Afonso da. *Curso de direito constitucional positivo*. 40. ed. São Paulo: Malheiros, 2017.

SORIA, José Martínez. *El aceso a la información pública según la ley alemana sobre la libertad de información (informationsfreiheitsgesetz). In:* MACHO, Ricardo García (ed.). *Derecho administrativo de la información y administración transparente.* Madrid: Marcial Pons, 2010.

SOUSA, António Francisco de. *Conceitos indeterminados no direito administrativo.* Coimbra: Almedina, 1994.

SOUTO, João Carlos. *Suprema Corte dos Estados Unidos*: principais decisões. São Paulo: Atlas, 2015.

STRAUSS, Peter. L. *Administrative Justice in the United States*. North Carolina: Carolina Academic Press Durham, 2016.

SUNDFELD, Carlos Ari. *A Administração Pública na era do direito global*. Fonte: http://www.egov.ufsc.br/portal/sites/default/files/anexos/31987-37499-1-PB.pdf. Acesso em: 5 fev. 2019.

_____. *Direito administrativo para céticos*. Princípio é preguiça? São Paulo: Malheiros, 2014.

_____. *O que melhorar no direito brasileiro quanto à estrutura da gestão pública*. *In*: MARQUES NETO, Floriano de Azevedo *et al*. *Direito e administração pública*: estudos em homenagem a Maria Sylvia Zanella Di Pietro. São Paulo: Atlas, 2013.

_____. Uma autoridade normativa, técnica e nacional para a gestão pública. *In*: MORA, Fabrício; GARBADO, Emerson (coord.). *Limites do controle nacional da administração pública no Estado de Direito*. Curitiba: Íthala, 2019.

_____; CÂMARA, Jacintho Arruda. Controle das contratações públicas pelos Tribunais de Contas. Fonte: http://bibliotecadigital.fgv.br/ojs/index.php/rda/article/view/8589/7325. Acesso em: 8 out. 2018.

_____; PAGANI, Rodrigo. *As empresas estatais, o concurso público e os cargos em comissão*. Fonte: http://bibliotecadigital.fgv.br/ojs/index.php/rda/article/view/42539/41306. Acesso em: 5 de out. 2019.

_____; VORONOFF, Alice. A*rt. 27 da LINDB: quem paga pelos riscos dos processos?* Fonte: http://bibliotecadigital.fgv.br/ojs/index.php/rda/article/view/77654/74317. Acesso em: 4 de jun. 2019.

VALIM, Rafael; MALHEIROS, Antonio Carlos; BACARIÇA, Josephina. *Acesso à informação pública*. Belo Horizonte: Fórum, 2015.

VIVEIROS DE CASTRO, Augusto Olympio. *Tratado de sciencia da administração e direito administrativo*. Rio de Janeiro: Jacintho Ribeiro Santos editor, 1914.

WALD, Arnoldo; JUSTEN FILHO, Marçal; PEREIRA, Cesar Augusto Guimarães. (org.). *O direito administrativo na atualidade*: estudos em homenagem ao centenário de Hely Lopes Meirelles (1917-2017) defensor do estado de direito. São Paulo: Malheiros, 2017.

WEIL, Prosper. *Le droit administratiff*. Paris: Presses Universitaires de France, 1966.

ZYMLER, Benjamim. *Direito administrativo e controle*. 4. ed. Belo Horizonte: Fórum, 2015.